Hannah Flemming

<u>Wanderreiten für Beginner Band III.</u>

Zu Fuß mit Pferd

3x Kurztrips & Dritte *Wander*-Reit-*Tour*
von Worpswede in die Wingst

Wanderreiten heißt:
In der Natur
unterwegs sein
Zusammen mit dem Pferd

... Und manchmal
Muss man dafür mehr
Wandern
Und weniger Reiten

Hannah Flemming

Wanderreiten für Beginner Band III.

Zu Fuß mit Pferd

3x Kurztrips & Dritte *Wander*-Reit-*Tour*
von Worpswede in die Wingst

Impressum

Copyright by Hannah Flemming
Alle Rechte vorbehalten
Dezember 2024
ISBN: 978-3-7693-0053-6

Verlag: BoD · Books on Demand GmbH,
In de Tarpen 42, 22848 Norderstedt
Druck: Libri Plureos GmbH, Friedensallee 273,
22763 Hamburg

Widmung

Für Andrea & Kim

Für Andrea

Die allerbeste Pony-
und Katzensitterin
der Welt!

Für Kim

Die uns mit Rat und Tat
zur Seite stand,
wenn wir
nicht weiter wussten.

Inhaltsverzeichnis

Einleitung

Unterwegs zu sein in der Natur, zusammen mit den eigenen Pferden, Landschaft und Leute zu erleben und jede Nacht woanders zu verbringen, das ist etwas ganze Besonderes und mit nichts zu vergleichen!

Tatsächlich ist es vor allem für mich fast zu einer Sucht geworden: Loszuziehen, neue, schöne Reitwege für unsere Tagesetappen zu finden, um so über mehrere Stationen bis zu einem Hof zu gelangen, auf dem man 1-2 Wochen Urlaub macht und in schöner Landschaft vor Ort Ausritte unternehmen kann.

Wir, das sind mein Mann Uwe und ich, sowie unsere beiden Kleinpferde.
Solch eine Viererherde ist allerdings ein sensibles Konstrukt: Denn wenn nur eine/r von uns ausfällt, so können auch die anderen drei nicht weiter.
Das ist anders als bei einer großen Reitertruppe, die einzelne Personen oder Pferde zurücklassen und weiterziehen würde nach dem Motto: ‚Die Mission zählt.‘

Zwei Jahre Durststrecke mussten wir überstehen, bis es überhaupt möglich wurde, auf die geplante Wingst-Tour zu gehen! Es gab einiges an Schwierigkeiten zu überwinden, ehe wir endlich wieder losziehen konnten … und das lief im Endeffekt dann auch noch ganz anders, als wir es eigentlich geplant hatten.
Uwe meinte, es wäre keine gute Idee, aus dieser Zeit ein Buch zu machen. Doch nach einiger Überlegung entschied ich, dass es durchaus wichtig ist, auch über all die Hindernisse, Rückschläge und Unwegsamkeiten zu schreiben, und dass eben nicht immer alles so läuft wie geplant. Denn wenn man bereit ist, durchzuhalten und an die jeweilige Situation bestmöglich anzupassen, geht es dann eben doch auch immer irgendwie weiter …

Wen jedoch die Vorgeschichte über diese turbulente Zeit davor und der notwendige Pferdewechsel nicht so sehr interessieren und wer stattdessen lieber gleich zu unserem Wandertour-Bericht ‚Zu Fuß mit Pferd‘ kommen möchte, der kann gerne die ersten Kapitel überspringen. Denn danach geht es auch gleich los auf unsere Wander-Reit-Tour in die Wingst!

Aber hier kommt zunächst erst einmal die Vorgeschichte:

Ein Pferd fällt aus allen Wolken

Im letzten Jahr, 2021, waren wir noch mit Muck und Pelle auf Wanderritt gegangen. Und nach einer anstrengenden Zeit und beinahe täglichem Training hatten wir den siebenjährigen, sehr ängstlichen Wallach so weit an alles gewöhnt, dass Uwe das Wagnis mit ihm einzugehen bereit war: auf Wanderritt zu gehen.

Davor war nämlich noch jeder Ausritt eine ziemlich aufregende Sache gewesen. Ein Schatten, ein herabfallendes Blatt und vor allem Fahrzeuge konnten bei Pelle einen plötzlichen Schreck und heftigen Satz zur Seite auslösen (nachzulesen in meinem Wanderreitbericht Band II. ‚Pferd-to-go').

Doch kaum waren wir auf Wanderritt, da trottete Pelle schon nach kurzer Zeit hinter Muck her, erschreckte sich kaum noch, ließ den Kopf beim Laufen pendelnd hängen, wirkte entspannt - und machte einfach mit!

Es war, als habe er nie etwas anderes getan.

Die Routine eines Wanderrittes ist aber auch recht einleuchtend für ein Pferd: Es muss sich nur in unsere Viererherde einfügen. Wir, die Menschen, waren die ganze Zeit dabei und gaben klar vor, was zu tun war, wo es lang ging, wo man fressen und schlafen würde und vor allem wichen wir nie von seiner Seite.

Pelle wäre wohl der richtige Kandidat für einen richtigen Tinkertross gewesen: immer zusammen mit seinen Menschen und anderen Pferden, Tag und Nacht unterwegs. Das war es offenbar, was er brauchte, um sich sicher zu fühlen.

Er war ja sogar bereits während des Wanderrittes mit Uwe vorgegangen, unerschrocken an Traktorenmonstern vorbei, durch Wälder, an fremden Tieren, sogar an übel riechenden Schweinemastställen. Das alles wäre in der Anfangszeit niemals denkbar gewesen!

Doch als wir nach unserem Wanderritt wieder zu Hause ankamen und die beiden Ponys auf ihren Paddock und die Weide entließen, schien Pelle wie aus allen Wolken zu fallen. Er sah aus, als frage er völlig entsetzt: „Was ist jetzt? Wo geht ihr hin? Wieso lasst ihr uns jetzt hier draußen und verzieht euch ins Haus?"

Ab da war alles wie auf einen Schlag vollkommen anders.

All das Positive, was wir auf dem Wanderritt mit ihm erlebt hatten, schien wie weggeblasen. Es war nichts, worauf wir aufbauen konnten.

Seine alten Ängste kehrten zurück, und bei unseren folgenden Ausritten verfiel er sogar in plötzliche, unvorhergesehene Schreckmomente, die noch schlimmer waren als je zuvor: er bekam richtiggehende Panikattacken. Der geringste Anlass – den wir selbst manchmal nicht einmal wahrnahmen – führte dazu, dass er urplötzlich losschoss.

Pelle wurde unberechenbar, schlimmer denn je zuvor. Er fürchtete sich immer mehr vor Fahrzeugen, Geräuschen, den großen Traktoren, sodass wir uns teilweise schon lange vorher gegenseitig warnten, wenn sich ein solches ‚Monster' näherte. Das hieß auch immer öfter, lieber abzusteigen und ihn von der Straße wegzuführen. Und dann gab es immer öfter diese gefährlichen Situationen, bei denen nicht ansatzweise vorauszusehen war, dass er sich erschrecken würde. Dann raste er urplötzlich wie ein von der Sehne schnellender Pfeil davon und warf sich dabei auch noch unerwartet zur Seite.

Ein- zweimal stürzte Uwe bei solch einer Panikattacke. Glücklicherweise verletzte er sich nicht ernsthaft dabei, doch mit Pelle unterwegs zu sein wurde nun immer gefährlicher.

Wir mussten schließlich begreifen, dass es so einfach nicht weitergehen konnte, und mussten uns eingestehen, dass wir beide es nicht mit ihm schaffen würden. Pelle brauchte offenbar eine klare Routine, tägliche Bewegung und engmaschige Betreuung ... so wie auf dem Wanderritt. Aber das konnten wir ihm auf Dauer einfach nicht bieten.

Offensichtlich kam er nicht damit klar, bei uns auf dem Hof wieder sich selbst überlassen zu sein, allein mit einer Stute und gelegentlichen Ausritten. Die Pausen schienen das Problem zu sein. Diese nährten ganz offensichtlich seine Ängste.

Der Kleine brauchte jemand anderes als Besitzer:in, welche/r sich anders, routinierter und vor allem ständig um ihn kümmern konnte. Wir beide konnten das in unserem Alltag so schlicht nicht leisten.

Ich habe Jahre später einmal den interessanten Bericht eines Profi-Bereiters gesehen. Er warnte vor introvertierten Pferden. Denn diese machten laut seiner Erfahrung über längere Zeit einfach alles mit und betrieben quasi eine Art 'Containing': sammelten also nur all die neuen Eindrücke, schluckten alles herunter und verhielten sich unauffällig, sodass man sie - in der Annahme, dass sie gut zurechtkämen - unglücklicherweise auch immer weiter forderte. Doch in Wahrheit konnten sie all die neuen Erfahrungen und das Gelernte gar nicht richtig verarbeiten.

Irgendwann war dann eine weitere Forderung an sie wie das Letzte, was ihr Fass zum Überlaufen brachte.

Es hatte meist gar nichts mit der aktuellen Situation zu tun, warum sie dann urplötzlich explodierten. Doch wenn ihnen schließlich irgendwann alles zu viel wurde, so machten sie sich unerwartet 'Luft' - und wurden so zu uneinschätzbaren Problempferden, deren Reaktionen niemand mehr vorhersehen, geschweige denn verstehen konnte.

Solche Pferde hätte man einfach mit sehr viel mehr Zeit zwischen den Trainingseinheiten ausbilden und zwischendurch immer wieder ganz in Ruhe lassen müssen, damit sie das Erlernte auch verarbeiten können.

Natürlich weiß ich, dass jedes Pferd sein eigenes Lerntempo hat - so wie auch wir Menschen - und dass man zudem über bestimmte Rassen sagt, sie seien besondere Langsam-Lerner. Tinker gehören zu dieser Spezis.

Aber dass ein Tier über einen solch langen Zeitraum wie einem vierwöchigen Wanderritt derart unproblematisch alles mitmacht und erst anschließend offenbart, dass nichts von all den erlernten Erlebnissen und dem antrainierten Verhalten wirklich Bestand haben würde ... so etwas hatte ich in dieser extremen Form noch nie vorher irgendwo gesehen, gehört, oder selbst erlebt.

Ich meine, immerhin waren wir einen Monat unterwegs gewesen - eine Woche hin, eine zurück und zwei vor Ort mit (fast) täglichen Ausritten! Anscheinend jedoch war der gesamte Wanderritt selbst für Pelle wie eine große Lerneinheit gewesen, die er mitgemacht, jedoch keinesfalls verdaut hatte.

Natürlich hatten wir den kleinen Tinkerwallach längst lieb gewonnen. Im täglichen Umgang war er ein so nettes, knuffiges und umgängliches Pferd, welches uns immer erwartungsvoll empfing, zur Begrüßung in allen Höhenlagen zu Quasseln begann, stets zugewandt, zutraulich und freudig auf uns reagierte. Nur das mit dem Reiten ging so eben nicht mehr weiter. Doch ihn 'nur so' zu halten, das war weder für uns eine Lösung, noch für ihn. Er war einfach zu jung, um nur auf der Weide zu versauern. Er brauchte Bewegung und Action.

Und was speziell für mich noch sehr viel schwerer wog: bei all der Pelle-Problematik fiel meine Muck seit geraumer Zeit hintenüber. Ich konnte mich kaum noch so um sie kümmern, wie ich das eigentlich wollte. Denn immer stand Pelle mit seinen Problemen im Vordergrund. Das ging so einfach nicht weiter.

Sie war zwischenzeitlich krank geworden, und als er sie - so vermuten wir - einmal über den Zaun gejagt hatte und sie dabei ausgebrochen waren, war sie vermutlich in eine Schraube des Zaunes getreten und hatte sich einen bösen Abszess im Huf zugezogen. Für lange Zeit konnte Muck überhaupt nicht richtig laufen.

Daraufhin mussten wir nun die beiden für eine geraume Zeit trennen, da Pelle sie trotz ihrer Verletzung weiterhin rücksichtslos herumrempelte. Bei anderer Gelegenheit brach er dann sogar alleine durch den Zaun und ging stiften, ließ sich anschließend kaum noch einfangen ...

Fazit: Der kleine Kerl war unausgelastet und brachte uns mittlerweile nur noch Ärger, Sorgen und Unannehmlichkeiten ein. Uns wurde es zu viel. Es reichte einfach.

Bei aller Liebe, er brauchte andere Besitzer:innen. Und wir brauchten dringend ein vernünftiges, reitbares Pferd für Uwe, eines, welches unsere recht ruhige Art und Weise des Reitens und der Haltung zu schätzen wusste und darüber nicht auch noch gefährliche Eigenschaften entwickelte. Auch wenn es uns wirklich schwerfiel und unser Herz schwer wurde:

Ein weiterer Pferdewechsel wurde nun unbedingt notwendig. Pelle musste gehen.

Pelle beim Training.

Er ist ein Typ, der im Grunde jeden Tag beschäftigt werden muss.

Mit Muck und Pelle 2021 erfolgreich auf Wanderritt

in die Lüneburger Heide (siehe auch Band II. ‚Pferd-to-go')

Ein neues Pferd für Uwe

Durch die Zeit mit Pelle hatten wir uns völlig ausgepowert. Wir brauchten dringend ein Pferd, welches wieder die nötige Ruhe in unser Leben, und uns die Leichtigkeit und Freude am Reiten zurückbrachte. Und wir brauchten eines, welches auch kein Problem damit hatte, nur gelegentlich geritten zu werden und sonst ein ruhiges, beschauliches Leben bei uns zu führen, ohne Herde - nur mit einer weiteren Partnerin, nämlich meiner friedlichen Muck.

Unsere Prioritäten hatten sich verschoben. Das Wichtigste bei einem neuen Pferd war nun für uns: Verkehrssicherheit und Unerschrockenheit. Eine coole Socke musste also her!

Das war umso mehr wichtig, da wir nicht nur schlimme und gefährliche Erlebnisse mit Pelle hinter uns hatten, sondern obendrein auch noch in steigender Taktzahl die Riesentraktoren auf der engen Straße an unserem Haus vorbeidonnerten, und die wurden immer größer.

Sie fuhren oft mit Volldampf auf uns zu - sodass einem bereits in einem normalen PKW schon Angst und Bange wurde. Bei den Fahrer:innen dieser ‚Monster' handelte es sich oft um Angestellte eines Lohnunternehmens, welche im Akkord fuhren. Sie fuhren schnell und immer unter Hochdruck.

Wir brauchten also ein Pferd, welches sich auch davon nicht beeindrucken ließ ...

Nach der Corona-Pandemie war der Pferdemarkt allerdings noch immer nicht da, wo er vorher gewesen war. Das Mittelfeld fehlte quasi: die einfachen Pferde mit einer soliden Grundausbildung.

Wir suchten kein Rassepferd, kein Turnierpferd und auch keines mit einem langen Stammbaum, mit dem man angeben konnte. Es sollte gesund, verlässlich und mit unserer Art der Offenstallhaltung und gemütlichen Geländeausritten kompatibel sein.

Nach einiger Sucherei waren drei Pferde im Rennen, die ich bei den Kleinanzeigen herausgesucht hatte: Eines in der Nähe von Verden, welches angeblich cool sei, aber nicht ganz taktrein lief, eines, welches robust, kräftig und unerschrocken war, aber den Menschen nicht wirklich respektierte, und eines, welches angeblich ein verlässliches Geländepferd war, aber leider einen ausgeheilten Sehnenschaden hatte.

Dieses Mal hatte Kim (unsere Trainerin, die mit mir Muck eingeritten und auch bei unseren anderen Pferden kompetent geholfen hatte) sich schon im Vorfeld gemeldet und angekündigt, sie wäre gerne bei unserer Suche dabei.

Es tat ihr vermutlich leid, dass mit Pelle alles so schief gegangen war. Und nun traute sie wohl unserer Einschätzung nicht mehr so recht, ein wirklich passendes Pferd für uns zu finden. Natürlich waren wir verunsichert und trauten uns auch auf einmal selber nicht mehr, die richtige Entscheidung zu fällen. Also waren wir über ihr Hilfsangebot dankbar.

Das erste Pferd, welches uns in einem Video vorgeritten wurde, redete sie uns gleich aus. Da könne alles Mögliche dahinterstecken, warum es so seltsam liefe. Wir sollten besser die Finger davon lassen.

Beim Zweiten war wiederum Uwe gleich dagegen. Denn die Besitzerin beschrieb das Flegeln ihres Pferdes so: „Ja, sie hat Hufe, ja, sie hat Zähne, und sie weiß das auch." Übersetzt hieß das so viel wie: Ein kräftiges Pferd, offenbar völlig unerzogen. Und – ach ja - vor

Freude buckeln würde die im Galopp auch ...

Nach den teilweise wirklich gefährlichen Situationen, die wir mit Pelle erlebt hatten, konnte Uwe selbstverständlich kein buckelndes Pferd gebrauchen. Er brauchte ein Pferd, welches ihm wieder Zutrauen ins Reiten und das Gefühl von Sicherheit zurückbringen konnte.

So blieb nur noch das dritte übrig, Elli. Alles, was wir von der Besitzerin zugeschickt bekamen – die sich leider mit ihrem Pferd im Ruhrpott befand, aber im Norden inseriert hatte, da sie ihr Pferd gern dorthin vermitteln wollte - klang sehr vielversprechend. Elli schien ein sanftes, verlässliches und nebenbei bildschönes Pony zu sein. So zart, wie sie aussah, waren wir allerdings etwas unsicher, ob sie auch für einen Erwachsenen geeignet wäre. Und - dann war da ja auch noch immer das mit dem Sehnenschaden.

So etwas mag nicht so sehr ins Gewicht fallen, wenn man ohnehin nur auf einem ebenen Platz reiten möchte und damit dieser Schwäche Rechnung trägt. Wir aber wollten über Stock und Stein, denn wir sind ja ausschließlich im Gelände unterwegs. Und das ist dann schon für die Beine eines gesunden Ponys eine Herausforderung. Einen ebenen, sicheren Untergrund konnte man bei Wanderritten keinesfalls garantieren. Dennoch machten wir einen Besichtigungstermin aus.

Parallel hatte ich für Uwe außerdem eine Suchanzeige in ein Anzeigenportal gesetzt und eine Verkaufsanzeige für Pelle.

Die Suchanzeige erneuerte ich nun schon zum zweiten Mal, und ... dann kam auf einmal eine Reaktion.
Eine Frau schrieb mir: Sie habe eine Tinkerstute. Die sei absolut cool und verkehrssicher, 14 Jahre alt. Sie habe diese selber aufgezogen und ausgebildet. 10 Jahre sei das Pferd nun bei ihr. Aber warum sie dann dieses tolle Pferd verkaufe, so fragte ich natürlich erstaunt nach?

Die Antwort klang schlüssig: Sie habe kleine Kinder und

17

wolle auch in Zukunft therapeutisch mit Pferden arbeiten. Doch dafür sei Wilma leider nicht geeignet. Die habe keine Lust auf das Gewusel, das sei ihr alles zu viel. Für einen Erwachsenen sei sie jedoch durchaus ein sehr gutes Pferd. Hm. Das war in der Tat eine ungewöhnliche Beschreibung und machte uns natürlich neugierig ...

Also machten wir uns auf den Weg zu Wilma.

Wilma und der Wassersprenger

Am 20.Juni 2022 machten wir uns auf den Weg, um Wilma kennenzulernen. Wir mussten fast bis nach Oldenburg und trafen sie dort zusammen mit zwei anderen Ponys auf einer kleinen Waldwiese.

Die erste Kontaktaufnahme vermittelt einem normalerweise immer einen ersten Eindruck und auch das Bauchgefühl zu dem neuen Pferd. Doch das fiel hier irgendwie flach. Wilma nahm nämlich keinerlei Notiz von uns.

Sie graste, blieb abgewandt, schaute nicht einmal neugierig zu uns oder ihrer jetzigen Besitzerin herüber. Sie machte einfach ihr Ding und nahm keinerlei Kontakt auf.

Das war also Wilma: Ein dunkelbraunes, sehr zotteliges Tinkerpony, deren Augen unter der voluminösen Mähne völlig verschwanden. Kein Gesichtsausdruck war zu sehen, keine wirkliche erste Einschätzung möglich. Sie graste, während wir uns unterhielten, lief dann gezielt in den Weideunterstand - an uns Menschen vorbei - zu ihrer 'Heuklappe'. Die warf nämlich alle 2 Stunden eine

Portion raus, und das wusste Wilma. Die struppige Tinkerlady wartete darauf, und - plopp - kam das Heu, und sie war gleich da, um es in Empfang zu nehmen. Clever war sie also.

Bei Pelle war die erste Begegnung völlig anders gewesen. Er hatte uns gleich mit seinen Knopfaugen angeschaut, und wir hatten uns durch sein Wesen anrühren lassen. Spätestens, als er an Uwes Händen herumgespielt und der Tinkerwallach ihn dabei versehentlich in den Finger gebissen hatte, hatte Uwe sich in den kleinen Wallach verschossen.

Doch Wilma ignorierte uns. Sie ließ sich schlicht nicht in die Karten schauen. Hm.

Dieses Mal war aber ja auch für uns alles anders. Wir hatten uns darauf geeinigt, dass wir klare Prioritäten hatten. Wir wussten, was wir brauchten. Und das war momentan weitaus wichtiger als die Tatsache, ob wir ein Pony nett oder anrührend fanden.
Unsere Ponysuche war dieses Mal also so sachlich wie nie zuvor ...

Wir setzten uns zunächst zusammen, schnackten mit der Besitzerin und lauschten der Geschichte und dem Werdegang, den sie über Wilma zu erzählen wusste. Die Stute hatte sie mit 4 Jahren bekommen und selber ausgebildet. Wilma war nun also 10 Jahre hier. Das war eine lange Zeit und bedeutete, dass es eine große Veränderung für das Pony werden würde, wenn sie nun die Besitzer:in wechseln sollte. Denn 10 Jahre lang hatte sie nun auch mit den beiden anderen Pferden zusammengestanden und war immer nur auf dieser Weide gewesen ...

Wilma war Ekzemerin, hatte Mauke und Raspe (fiese Milben und Bakterien, die sich hinten in die Fesselbeugen der Beine einnisten, die jucken und auch weh tun.) Wilma schubberte sich also genau wie Muck an Mähne und Schweif, und sie mochte keine Fliegeviecher um sich herum. Das wurde ihr alles zu viel.

Das sei auch der Grund, so die Besitzerin, warum sie nicht sanft genug mit den Kindern umginge: Denn wenn Wilma alles zu viel wurde, flüchtete sie im vollen Galopp in den Weideunterstand, stampfte bei Juckreiz heftig mit den Hinterhufen auf oder reagierte anderweitig unwirsch auf die Lästlinge, ohne Rücksicht auf Umstehende zu nehmen. Bei Erwachsenen sei das nicht so das Problem, denn die konnten auf sich selber aufpassen. Aber bei Kindern wurde es dadurch in ihrer direkten Umgebung schon auch mal gefährlich.

Wir konnten Wilma beobachten, wie sie sich schubberte. Ja, da saß ganz gut Kawumm dahinter! Wenn die ihr Körpergewicht gegen den Wassertank stemmte - uiuiuiui, da wollte man lieber nicht dazwischen geraten ...

Schließlich fragte die Besitzerin unvermittelt, ob Uwe probereiten wolle. Ich könne das andere Pferd nehmen. Huch? Ich fühlte mich überfordert, denn ich hatte mich nicht aufs Reiten eingestellt. Uwe schon. Er wollte ein Gefühl für Wilma bekommen. Und ich fand das toll und mutig von ihm, denn immerhin war er nun schon seit einem halben Jahr nicht mehr geritten, seit all die Schwierigkeiten mit Pelle begonnen hatten und die Stürze geschehen waren ...

Flugs wurde geputzt und gesattelt. Wilma ließ sich alles gefallen. Am Ende bekam sie auch noch eine schwarzweiß-gestreifte Zebra-Ausreitdecke übergezogen, mit Troddeln daran. Das sah lustig aus. Ich hatte so etwas noch nie gesehen. Aber angeblich liefe Wilma damit einfach ruhiger. Die Besitzerin selber wollte nun mit dem anderen Pferd mitreiten, und ich könne mit dem Fahrrad folgen, wenn ich wolle. Klar wollte ich.

Schwupps saß Uwe drauf. Das sah alles schon einmal sehr gut und passend aus - mein schmaler Mann mit den langen Beinen und dieses kräftige Kaltblutpony. Ein wenig wie ein Ritter auf seinem Streitross - nur ohne Rüstung.

Eine kleine Runde im Gelände war geplant. In einem

Nebensatz hatte sie uns noch mitgeteilt, sie habe Wilma nun länger nicht geritten, den ganzen Mai nicht. Wir hatten Juni. Wilma war also über einen Monat nicht geritten worden ...

Aber sie meinte, das sei kein Problem. Also gut. Ich hoffte, der Ausritt würde möglichst ereignislos ausfallen und Wilma sich von ihrer besten Seite zeigen.

An der Straße ging es entlang, auf dem Fahrradweg dem Verkehr entgegen. Prompt kam den beiden ein röhrender Traktor entgegen. Mein Puls erhöhte sich unmittelbar. Dieser auf uns zurollende Traktor stellte eine absolute Katastrophe dar, wäre das hier Pelle gewesen! Aber es war nicht Pelle, sondern Wilma. Und sie nahm tatsächlich kaum Notiz von diesem Traktor. Er interessierte sie schlicht nicht.

Dann wurde über die Straße gewechselt und die beiden lenkten auf einen Feldweg, der direkt an einem Acker vorbeiführte, auf dem ein riesiger Wassersprenger agierte. Wenn ich davon erzähle, sage ich immer 'Wasserwerfer', denn genau so ein heftiges Teil war das: Es schoss mit Zischen und Knacken in alle Richtungen, drehte sich nach und nach, um jeweils eine riesige Wasserfontäne in eine Richtung zu schießen. Und der feuchte Bereich des Feldweges, der nun vor den Ponys lag, zeigte klar und deutlich, dass die heftigen Wassersalven auch den Weg erreichen würden, auf dem sie ritten.

Ohgottogottogottogott! Mir blieb fast das Herz stehen. Doch die beiden hielten direkt darauf zu.
Ich glaube, alle Reiter:innen hätten nun diesen Wassersprenger beobachtet, den Zeitraum abgeschätzt, in dem die Fontäne gerade nicht über den Feldweg zischen würde, um dann zwischen zwei Wasserschüssen zügig daran vorbei zu traben - um nicht davon erwischt zu werden!

Wilmas Besitzerin jedoch hatte die Ruhe weg. Im Schritt ritten die beiden auf das zischende Wasserungetüm zu, warteten, bis es bei ihnen war, die Fontäne schoss zischend auf die Pferde, prasselte über sie nieder ... und zog weiter.

Nichts passierte.

Nun ja, doch, ein wenig: Das Pferd der Besitzerin tänzelte unruhig unter ihr, und Wilma schien erst aufs Feld nebenan ausweichen zu wollen, ging ein paar Schritte rückwärts, als das Wasser kam, wirkte etwas angepisst, wurde ordentlich nass, und stapfte dann jedoch ganz normal weiter, so als sei nichts geschehen. Mir fiel beinahe die Kinnlade herunter!

Ich weiß nicht, wie viele Pferde es überhaupt gibt, die derart cool auf solch ein Wasserungetüm reagieren würden! Alle Pferde, die ich kenne, hätten hiermit ein Problem gehabt, inklusive meiner eigentlich fast immer gelassenen, ruhigen Muck - aber auch all die Pferde, die ich je davor kennengelernt habe.

Abraxas, mein erstes Pferd? Nie im Leben wäre er da so drunter durch, dass ihn das Wasser hätte erwischen können! Sicher wäre er geflüchtet, hätte sich nach einer Weile überzeugen lassen, dass wir dran vorbeimüssen, und hätte dann aber trotzdem Fersengeld gegeben und einen großen Bogen drumherum gemacht ... Aber das hier, das war der Hammer!

Ich holte die anderen wenig später mühsam ein - denn das Rad machte mir einige Schwierigkeiten - und fuhr neben ihnen her bis zur nächsten Straße. Dort musste man hinüber, um zurück zur Weide zu kommen. Das wusste Wilma und fand, Anhalten müsste jetzt nicht sein. Da war aber durchaus Verkehr, doch der interessierte Wilma nicht. Sie wollte jetzt nach Hause. Wilma hatte fertig!
Als sie gar nicht anhalten wollte, brachte Uwe sie in eine Volte und konnte so verhindern, dass sie einfach in den Verkehr stiefelte. Das war also auch Wilma: Sie hatte klare Vorstellungen und wollte die auch durchsetzen.

Nach dem Absatteln befragte ich Uwe erst einmal, wie er das letzte Abenteuer überhaupt überstanden hatte. Er war noch ganz aufgewühlt - verständlicherweise.

Natürlich war auch ihm bei der Wasserbegegnung die Düse gegangen. Pelle wäre hier vermutlich rückwärts galoppiert, gestiegen, oder hätte ähnliche, gefährliche Manöver vollzogen.

Die coole Reaktion von Wilma jedoch hatte Uwe wirklich beeindruckt. Und mich auch. Genau so ein Pferd brauchten wir beide! Dann stünde weiteren Wanderritten nichts mehr im Wege. Und mit solch einem Pferd könnte man auch gut alt werden. Denn das Reiten auf einer solch coolen Socke wäre sicherlich kein Problem, selbst wenn man selbst irgendwann nicht mehr ganz so beweglich und nicht mehr gar so ehrgeizig wäre ...

Wir saßen danach noch eine Weile beisammen und besprachen uns, ehe wir uns verabschiedeten. Zwei Tage später hatten wir ja auch noch dieses andere Pony im Ruhrpott auf dem Zettel. Anschauen wollten wir uns das schon auch noch.

Die Besitzerin von Wilma hatte auch noch eine weitere Interessentin, die sich Wilma anschauen wollte. Sie hatte uns aber schon erzählt, dass diese Person eigentlich etwas für ihre Kinder suche. Und dafür war Wilma ja im Grunde nicht geeignet.

Als wir aufbrachen, verschwand bereits das Tageslicht. Schon auf der Rückfahrt diskutierten wir, so intensiv, dass wir die eine Abfahrt fast verpassten, Uwe gerade noch rechtzeitig einbog und in der Dunkelheit kurzfristig auf der Verkehrsinsel zwischen den Fahrbahnen landete. Zum Glück war nichts passiert. Doch das zeigte, wie sehr uns diese ganze Sache gerade in Anspruch nahm.

Es war ja eine große Entscheidung, und für uns hing sehr viel daran. Wir wollten nicht noch einmal so einen schwerwiegenden Fehler machen, wie wir ihn mit Pelle gemacht hatten. Dieses Mal durfte es nicht so sein, dass wir eine Herausforderung annahmen. Dieses Mal sollte es sich absolut machbar anfühlen, von Anfang an. Es sollte einfach alles passen!

Pelle bekommt ein neues Zuhause

Schon am nächsten Morgen besprach ich mit Uwe gleich als Erstes, dass ich die Fahrt in den Ruhrpott nun tatsächlich nicht mehr machen wollte. Es war eigentlich schon jetzt klar, dass der Sehnenschaden des Ponys ein Hinderungsgrund war.

Warum sollten wir also den weiten Weg machen, das vermutlich supernette Wesen dieses Ponys kennenlernen und uns die Entscheidung gegen dieses Pony zusätzlich erschweren, die wir eigentlich schon jetzt im Vorfeld vernünftigerweise fällen mussten?

Uwes erstes Gefühl bei Wilma war ein ,Nein'. Er hatte keinen rechten Kontakt, keine Beziehung zu diesem Pony aufbauen können. Mit dem einen blauen Auge entsprach sie auch nicht seinem Schönheitsideal. Sie hatte sich büffelig und willenstark gezeigt, und war ansonsten - wie sagt man so schön - eher autark unterwegs.

Aber das mit dem Wasserwerfer ...
„Solch ein Pferd wollten wir doch", so erinnerte ich ihn, „Eine coole Socke, die sich völlig unerschrocken zeigt. Die einfach keine Angst hat - nicht mal vor solchen Wasserwerfern. Mit Wilma könnten wir einfach so los - ohne langes Trainieren, ohne Angst haben zu müssen, ohne in gefährliche Situationen zu geraten und ohne bei jedem Fahrzeug oder gar Traktor ins Schwitzen zu geraten. Wir könnten endlich wieder einfach nur reiten -

das, was wir doch immer gewollt haben."

Uwe ging eine Weile in sich. Und dann irgendwann entschloss er sich rein vom Kopf aus dazu: Ja, Wilma ist das passende Pony für uns!

Die Entscheidung war gefallen.

Ich erreichte die Besitzerin telefonisch nicht, hinterließ ihr aber eine Sprachnachricht: „Wir wollen dein Pferd haben!" Nach vielen Stunden langen Wartens kam nur eine kurze Nachricht zurück: Sie sei auf dem Weg zur Taufe und melde sich später. Ich war etwas irritiert.

Sie hatte uns nicht erzählt, dass sie eine Taufe vor sich hatte. Wenn das so war, so verstand ich natürlich, dass sie gerade andere Dinge im Kopf hatte, als mit uns über Wilma zu sprechen. Dennoch fand ich ihre Antwort etwas seltsam. Wäre nicht so etwas wie: „Oh toll, ich freue mich. Lass uns später die Details besprechen", oder Ähnliches angemessener gewesen? Auch sie ließ sich also gerade nicht in die Karten sehen. Wir warteten einen weiteren Tag und ich wurde unruhig. Was war los?

Es war Sonntag, sie meldete sich den ganzen Tag nicht und am Montag sollte ja noch die andere Person kommen, die sich Wilma anschauen wollte. Das aber wollten wir nicht, denn nun hatten *wir* uns ja bereits für die Tinkerstute entschieden. Schließlich überlegte ich genau, wie ich es formulieren sollte, und schickte ihr eine weitere Sprachnachricht: Dass uns ihr Schweigen und das Warten verunsichern würde, dass wir uns fragten, ob ihr etwas an uns nicht gepasst hatte, sodass sie nun noch weitere Leute Wilma anschauen lassen wolle, und ob wir nun ein klares Ja oder Nein bekommen könnten.

Am Sonntagabend endlich rief sie mich an und erklärte, was los war. Unsere Zusage hatte sie auf eine Art geschockt. Klar wollte sie Wilma abgeben, aber dass es nun so schnell so konkret wurde, das habe sie irgendwie erschreckt. Aber nun sei sie in sich gegangen, habe dieser anderen Person abgesagt und sei damit einverstanden. Wir könnten Wilma haben. Puh! Ich war wahnsinnig erleichtert. Sollte das nun endlich die Lösung für unsere Situation sein? Das wäre doch einfach zu schön!

Etliche Telefonate gingen in den nächsten Tagen nun hin und her. Sie wollte sichergehen, dass es Wilma bei uns auch gut ginge, wollte wissen, wie genau es bei uns aussähe und wie ihr Pferd leben würden. Mir war das sympathisch. Sie sorgte sich um ihre Wilma und hatte Schwierigkeiten, sie in fremde Hände abzugeben. Das war völlig ok. Ich filmte also unser Gelände, versicherte ihr, sie könne Wilma auch gern jederzeit besuchen kommen, und ließ mir Tipps für den Umgang mit ihr geben.

Am liebsten wollten wir einen 'Fliegenden Wechsel' vollziehen, so wie wir es schon vorher auch bei Annie und Pelle vorgehabt hatten: Ein Pferd geht, das andere kommt - alles an einem Tag. Eine unnötige Dreierkonstellation wollten wir dadurch besser vermeiden. Die stresste die Pferde nur unnötig und schickte sie in Auseinandersetzungen über die Rangfolge untereinander, die sie im Grunde nicht führen mussten. Denn sie würden ja nicht zu dritt bleiben.

Doch nun ging es für uns auch erst einmal darum, Pelle loszuwerden. Dieser Gedanke tat uns noch immer weh, denn wir hatten den Kleinen wirklich sehr lieb gewonnen. Doch es ging eben einfach nicht mehr. Und Pelle musste nun einfach auch gehen, damit Wilma kommen konnte. Doch wohin?

Ich hatte seine Kleinanzeige mittlerweile sicherlich viermal umgeschrieben. Darin beschrieb ich ausführlich seine Vor- und Nachteile. Kim meinte, ich sei zu ehrlich. Die Leute würden so vor allem begreifen, wie problematisch es mit ihm werden würde. Doch ich wollte auch nichts verschweigen, was uns später um die Ohren fliegen würde, oder aber was zu Unfällen führen könnte. Er war nicht das knuffige Tinkerpony, welches man sich für seine Kinder kaufte. Ich wollte keinesfalls Schuld daran tragen, dass sich andere die Knochen brachen, nur weil wir die Dinge beschönigten.

Bislang hatten wir leider noch keine echten Interessenten für ihn gefunden. Da war eine, die ihn 'zur Verfügung' haben wollte, um mit ihm zu arbeiten. Das mag eine nette Lösung sein für Pferdebesitzer, die grundsätzlich ihr Pferd abgeben wollen, die das Geld nicht benötigen und vor allem möchten, dass ihr Pferd eine neue Person und einen neuen Platz bekommt, an dem auch mit ihm gearbeitet wird. Doch für uns kam das so nicht in Frage.

Eine andere Person wollte gerne, dass wir ihn ihr brachten. Sie würde Spaziergänge mit ihm machen wollen. Aber Spaziergänge waren absolut nicht das Richtige für ihn. Er musste gefordert werden, etwas zu tun bekommen.

Am Ende unserer Straße befindet sich eine Reitschule. Die junge Frau, die diese leitet, hatte uns schon einmal beim 'Treckertraining' mit Pelle geholfen. Und schon da hatte sie durchblicken lassen, dass sie den kleinen Kerl ganz spannend fand. So ging ich schließlich nach einiger Überlegung auf sie zu und bot ihr Pelle zu einem deutlich vergünstigten Preis an. Sie war interessiert, wollte jedoch erst noch es besprechen und eine Nacht darüber schlafen. Am Tag danach endlich kam die erlösende Antwort: Ja, sie würde Pelle gerne übernehmen! Wunderbar!

Bei ihr hatte ich ein gutes Gefühl. Sie war Profi, bildete Pferde aus, ritt sie ein, besaß eine Halle und genügend Mädels, die ihr bei der einen oder anderen Sache helfen konnten. Es waren die idealen Voraussetzungen, um sich mit einem Pferd wie ihm auseinanderzusetzen, und um ihn weiter in einem gesicherten Rahmen auszubilden. Und: er würde in eine kleine Herde integriert. Das allein würde ihm sicherlich schon sehr viel mehr Halt geben, als er derzeit hatte, da er bei uns ja nur allein mit Muck war ...

Wir konnten unser Glück kaum fassen, als sie uns dann auch noch anbot, Wilma abzuholen. Sie hatte alles, was wir hierfür benötigten: Pferdehänger und das passende

Fahrzeug dazu, und sie würden außerdem zu zweit kommen. Also hätten wir auch noch vier helfende Hände dabei, die wussten, was sie tun. So hätten wir auch beim Verladen Hilfe. Bei einem fremden Pferd war diese Aussicht schon eine riesige Erleichterung!

Als der Termin des Wechsels sich näherte, schien nun Wilmas Besitzerin Bedenken zu kommen. Wilma könne auf der Fahrt unruhig werden, wir sollten vorsorglich eine Sedierung mitbringen, da sie fürchtete, es könnte sonst für ihr Pferd alles zu traumatisierend sein. Uns irritierten diese Bedenken, aber sicherheitshalber rüsteten wir uns nun mit einem Sedativum aus, welches der Tierarzt extra vorbeibrachte.

Die junge Frau mit der Reitschule wiederum fand das alles etwas merkwürdig und äußerte darum nun Sorge, dass irgendetwas mit Wilma nicht stimmen könnte. Daran mochte ich jedoch nicht glauben. Jedenfalls bot sie uns an, für den Transport eines ihrer Ponys mitzubringen, welches extrem ruhig sei und so auch Wilma auf dem Hänger Ruhe vermitteln könne. Darüber waren wir natürlich unglaublich dankbar, denn das war die denkbar beste Lösung.

Dann war es so weit: Wir fuhren also gemeinsam hin, luden Wilma ohne große Probleme ein, das Pony Flocke leistete ihr Gesellschaft, und dann ging es auch schon los ... Bei uns zu Hause wurde Wilma auf den Paddock entlassen und dann sollte Pelle in den Hänger. Das dauerte allerdings etwas länger, gelang aber auch schließlich. Und letztendlich war also tatsächlich der fliegende Wechsel an einem Tag vollzogen:

Pelle war weg und auf unserem Paddock stand nun ein vollkommen neues Pony - Wilma!

Wilma, ein komplett anderes Pferd: kräftig, unerschrocken, dickschädelig und sich selbst genug.

Muck & Wilma

Das war nicht leicht für meine Muck.

Erst im letzten Jahr hatte sie auf einen Schlag ihre langjährige Freundin und Leitstute Annie verloren (die wir aufgrund von kissing spines in Rente hatten schicken müssen), und hatte stattdessen mit diesem unausgegorenen, jungen Pelle klarkommen müssen.

Nun gab es schon wieder einen Wechsel, der alles veränderte.

Alles, was sie mit Pelle ausgefochten und vereinbart hatte, galt jetzt nicht mehr.

Wilma war ein vollkommen anderer Charakter. Ich war mir eigentlich sicher, dass es nun auch für Muck besser laufen müsse, denn Pelle hatte meine Muck viel zu viel gescheucht und traktiert, hatte sie aufgemischt und mit seinen Ängsten und Panikattacken sehr verunsichert und aus der inneren Ruhe gebracht. Mit Wilma sollte sie also nun endlich wieder zur Ruhe kommen. Doch so einfach war es auch wieder nicht ...

Wilma reagierte auf den Wechsel zu uns und die vielen Veränderungen zunächst autistisch, beinahe phlegmatisch. Sie blieb viel im Weideunterstand, war völlig überfordert von der Weitläufigkeit unseres Geländes und der entfernten Weide, zu der man durch einen Gang hindurchmusste, und blieb eigentlich fast nur noch vorn und beim Heunetz.

Von ihrem alten Zuhause kannte sie es, dass sie das gesamte Gelände überblicken konnte. Bei uns war es sehr viel unübersichtlicher und weitläufiger. Das überforderte Wilma offenbar. Sie blieb stundenlang im ‚Separee' stehen – der mit durchsichtigen Lamellen abgetrennte Teil unseres Weideunterstandes – und wollte einfach nur ihre Ruhe haben. Wilma schaltete sich einfach weg. Muck rief nach ihr, aber Wilma antwortete nicht und kam auch nicht.

Erst hatte Muck also einen Partner, der sie nie so richtig in Ruhe ließ, und der sie ständig aufmischte - nun hatte sie da diese Stute, die schlicht nicht auf sie reagierte und sich selbst genug war. Wilma nahm keinen wirklichen Kontakt zu Muck auf. Das war auch wieder irritierend.

Ich fühlte sehr für mein Pony. Was weiß man schon, was man einem Tier damit antut, indem man einfach den Partner auswechselt? Für Muck veränderte sich damit ihre ganze Welt. Nichts stimmte mehr. Das hatte sie in dem Jahr davor schon einmal erleben müssen - und nun wieder!

Ich konnte sehen, wie ratlos sie war. Und zunächst

reagierte sie auch eher unwirsch und verärgert auf Wilma. Die war fremd und darum doof, stand ständig im Weg herum und bewegte sich kaum. Die beiden verstanden sich überhaupt nicht. Ich hoffte nur, dass beide sich mit der Zeit gewöhnen und besser zurechtkommen würden.

Meine sanfte, friedliebende Muck verwandelte sich nun in einen Stinkstiefel! Eigentlich übernimmt sie generell nicht gern den Job der Leitstute. Wilma aber hatte derzeit nicht einmal vor, ihrer beider Herdenstruktur in irgend einer Weise auszuhandeln. Sie machte einfach, was sie gerade für sich selbst als gut befand und ignorierte Muck. Das war hart für mein Pony! Muck verlegte sich also darauf, Wilma mit bösem Blick und angelegten Ohren vom Heunetz zu scheuchen, ständig wegzuschicken und sogar von der Tränke zu verdrängen. Das alles ist relativ Pferde-normal. Doch man steht natürlich daneben und fühlt immer für das Pferd, welches gerade verdrängt wird.

Im Grunde fehlte es Wilma aber ja an nichts. Sie konnte trinken, wenn Muck gerade keinen Durst hatte, und die Heunetze hingen weit genug auseinander. Auf beide konnte Muck natürlich nicht aufpassen, wenn sie selber fressen wollte. Es dauerte jedoch wirklich eine ungewöhnlich lange Zeit, bis man die beiden auch endlich einmal nebeneinander am Heu rupfen sehen konnte, und auch, bis Wilma sich zu öffnen begann.

Noch immer ist Wilma kein sehr kommunikatives oder verschmustes Pferd geworden. Vermutlich wird sie das nie. Doch mittlerweile kommt sie, wenn wir sie rufen, sie wiehert genau wie Muck, wenn wir aus dem Haus treten, wendet sich uns zu, stupst uns schon mal an, wenn sie etwas möchte, und wirkt im Ganzen so, als sei sie nun endlich angekommen. Auch für sie war ihr Herkommen natürlich eine große Veränderung, die ihre ganze Welt auf den Kopf gestellt und sie extrem gestresst hat!

Mit der Zeit erwischten wir die beiden auch schon hin

und wieder dabei, wie sie Fellpflege machten. Und wir waren nun guten Mutes, dass es mit den beiden gut gehen würde.

Man kann auch mittlerweile nicht mehr sagen, wer von den beiden das Sagen hat. Eigentlich wirken sie eher wie ein abgeklärtes Paar, wo mal die eine und mal die andere vorgeht oder etwas bestimmt. Geradezu ideal also.

Neustart mit Wilma

Wilma bekam nun auch von uns einen ordentlichen Westernsattel verpasst. Vorher hatte sie einen baumlosen Sattel getragen. Laut der Sattlerin war dieser wohl zu eng gewesen und schien mit seinem Kopfeisen an beiden Seiten des Widerristes Löcher in der Muskulatur verursacht zu haben.

Wir hofften also, der neue Sattel würde ihren Muskeln nun wieder mehr Freiheit lassen. Und dann - endlich - konnten wir also wieder ausreiten, ganz normal, zu zweit.

Die ersten Ausritte waren sehr aufregend, denn die Angst saß uns beiden einfach noch immer tief in den Knochen. Bei jedem Traktor oder größeren Fahrzeug, bei jedem klappernden Anhänger warnten wir uns und waren extrem angespannt. Mit Pelle waren die Begegnungen mit Fahrzeugen immer eine wahnsinnige Hürde gewesen. Denn er brach dann aus, wollte rückwärts, weg, machte womöglich einen plötzlichen Satz zur Seite ...

Auf alles Mögliche hatte man sich bei ihm einstellen

müssen und nie sicher fühlen dürfen. Doch bei Wilma: nichts!

Das war so ungewohnt für uns! Glücklicherweise ließ sie sich auch nicht von unserer Angespanntheit anstecken. Wilma schluffte vor sich hin und schien immer nur zu denken: ‚Was habt ihr denn nur für Probleme?' Sie war toll. Und sie war genau die Richtige für uns!

Mit ihren 'Gängen' hatte Uwe allerdings anfangs so seine Schwierigkeiten. Wilma neigte nämlich zu einem Kickstart. Forderte man sie zu einem Trab auf, so schoss sie sofort los, dass einem Angst und Bange wurde. Doch einmal in Bewegung ließ sie sich ganz gut regulieren. Der Trab selbst war jedoch laut Uwe recht hobbelig und schwierig zu reiten. Fiel sie dann mal unverhofft in einen Galopp, so war das wiederum wohl total angenehm zu sitzen. Uns fiel auch auf, dass sie im Schritt dazu neigte, den Kopf sehr tief hängen zu lassen. Sie ging fast in eine Dehnhaltung.

Auch im Roundpen machten wir erste Einheiten. Doch Wilma kannte solche Arbeit vom Boden aus offenbar überhaupt nicht: Sie regte sich auf, schoss auch mal quer, und wirkte bei den Stangen geradezu fahrig. Eigentlich schredderte sie alles, was auf dem Boden lag lieber, als dass sie die Beine hob. Man sah deutlich, dass das arme Pony durch diese Art von Arbeit ziemlich gestresst war. Vermutlich wusste sie schlicht nicht, was das alles sollte.

Also ließen wir die beiden erst einmal zu zweit im Roundpen laufen, damit Wilma durch das Beispiel von Muck etwas besser verstand, was wir eigentlich von ihr wollten. Das ging auch zeitweise ganz gut, doch die beiden rangelten nun ständig darum, wer vorne laufen durfte, und wer die andere dadurch im Tempo regulieren konnte. Es war amüsant, die beiden dabei zu beobachten, und es war sehr lebendig - aber natürlich nicht der Arbeit zuträglich.

Wilma lief im Trab komplett anders als Muck. Sie trat von oben nach unten und schien auch gar nicht gut einschätzen zu können, wenn dann ein Hindernis kam. Außerdem war mir aufgefallen, dass sie rechts herum sehr viel steifer war als links herum. Ich versuchte, meine Beobachtungen mit Uwe zu teilen und anzusprechen, dass wir vielleicht eine Osteopathin kommen lassen sollten, damit jemand mit Ahnung sich das mal anschaute. Davon war er jedoch gar nicht begeistert. „Ich will nicht schon wieder eine Baustelle!", war seine genervte Antwort.

Durch die letzte Zeit mit Pelle war seine Geduld mehr als überstrapaziert. Ich verstand das. Dennoch war sie ja nun ein völlig neues Pferd für uns, und vielleicht war da irgendwo etwas im Argen. Und wenn es etwas gab, womit wir ihr helfen konnten und für Uwe gleichzeitig das Reiten angenehmer zu machen, so konnte das doch nur gut sein. Also ließen wir für beide die Osteopathin kommen.

Auch bei Muck war so einiges im Argen. Ich bekam beim Reiten immer schlimme Rückenschmerzen, sodass ich nicht mehr die rechte Freude dabei hatte. Ich hatte das anfangs auf die extreme Anspannung geschoben, die ich selbst mittlerweile durch die schwierige Zeit mit Pelle bei unseren Ausritten fühlte. Irgendwie hatten sich Mucks Bewegungen verändert, waren stärker und unangenehmer geworden. Sie stand auch anders, und ihr Rücken wirkte extrem elastisch - eigentlich viel zu elastisch - etwa wie bei einer Hängebrücke. Zu lange hatte ich kein Augenmerk auf sie richten können.

Sie hatte ja erst eine lange Pause dadurch gehabt, dass unsere Annie - Uwes erstes Pferd - unreitbar geworden war und wir nach einem neuen Pferd gesucht hatten. Als dann Pelle kam, war alles in Unruhe und unser Augenmerk ganz beim neuen Pferd gewesen, bei dessen Erziehung und seinem täglichen Training.

Muck war zwischendurch dann auch noch sehr krank geworden: Erst mit schlimmem Husten, sodass wir regelmäßig inhalieren mussten, dann hatte sie sogar einmal hohes Fieber, und der Tierarzt musste kommen und Antibiotika geben. Während dieser Phase hatte

Pelle sie, wie gesagt, trotzdem hin- und hergescheucht. So etwas wie Rücksichtnahme auf Kranke gibt es anscheinend unter Pferden nicht. Hier zählt nur die Hierarchie und das Recht der Stärkeren bzw. Überlegeneren. Muck war weder das eine noch das andere.

Und dann hatte Muck plötzlich diesen Abszess im Huf, der sie mehrere Wochen außer Gefecht setzte: ein Nagel oder eine Schraube hatte sich tief in einen ihrer Hinterhufe gebohrt und eine heftige, schmerzhafte Entzündung hervorgerufen.

Ich spekulierte, dass Pelle sie über den angrenzenden Matschpaddock gejagt hatte, und dadurch waren vermutlich die von uns sorgfältig an den Rand gelegten, alten Balken umgewühlt worden. Die langen Schrauben, die wir extra nach unten in der Erde gesteckt hatten, waren dadurch vermutlich während ihrer Flucht bei einem unbedachten Tritt in dem Huf gelandet. Das war aber auch nur eine Theorie und mein Erklärungsversuch. Klar, ich machte mir große Vorwürfe, dass wir die Balken dort hatten liegen lassen. Doch normalerweise ließen die sich gar nicht einfach so umdrehen ...

Wieder konnte sie also lange nicht bewegt werden. Und schließlich - nach dem erfolgreichen Wanderritt mit Pelle - hatten wir wieder lange nicht reiten können, da er danach JA nun wieder so extrem ängstlich und schreckhaft geworden war. Es war einfach zu gefährlich geworden. Alles zusammengefasst bedeutete das: Muck hatte eine sehr schwere Zeit hinter sich und war im Grunde aus dem regelmäßigen Training herausgefallen. Sie hatte viel zu lange nur herumgestanden und nichts gemacht, und dadurch an Muskeln verloren. Die Osteopathin bestätigte meine Befürchtung: Muck hatte an Tragkraft im Rücken verloren, und sie hatte Rückenschmerzen.

Toll, nun hatten also mein Pony und ich selber immer Rückenschmerzen vom Reiten! Ich bekam verschiedene Übungen verordnet, um Muck zu helfen, damit sie wieder stärker und schmerzfrei werden konnte.

Die Osteopathin fand Wilma witzig und bestätigte uns, dass sie vorne im Widerrist blockiert sei. Aber das könne schon sehr lange so sein und sei vielleicht nur langsam oder auch nie zu verbessern.

Ob das von ihrem alten Sattel kommen könnte? Das mochte die Osteopathin jedoch so eindeutig nicht bestätigen. Doch Wilma war ziemlich steif und unbeweglich. Bei den Möhrchenübungen schaffte sie es kaum, sich zu wenden und zu drehen: Es ging nach der Bewegung sogar schlechter als vorher, was zeigte, dass sie sich beim Laufen oben festmachte.

Der fachliche Blick der Osteopathin verriet uns immerhin schon einmal etwas über Wilma, worauf wir nie gekommen wären: Wilmas Rücken sei ziemlich lang, länger als üblich, und habe evtl. sogar einen Rippenbogen mehr! Das könne der Tinkerstute durchaus auch Schwierigkeiten beim Biegen machen und beeinflusse ihren Bewegungsablauf. Das war schon einmal eine wichtige Information, auf die wir selber nie gekommen wären.

Uwe war von den 'Hausaufgaben' nicht gerade begeistert. Zu lange hatte er mit wirklich hohem Engagement immer wieder mit Pelle trainiert, immer mit der Hoffnung: Wir kriegen das hin!
Doch im Endeffekt hatte es uns leider nicht zum Ziel geführt. Nun sollte er wieder regelmäßig Übeeinheiten mit Wilma machen. Die Luft war raus und vor allem die Energie einfach alle und verbraucht.

Pelle hatte uns erschöpft. Mir war jedoch wichtig, dass nun nicht unser neues Pferd darunter leiden musste, dass wir nicht mehr viel Kraft übrig hatten. Auch Wilma sollte einen guten Start bekommen und im Guten angeschoben werden für das, was wir mit ihr vorhatten. Trittfestigkeit und Beweglichkeit waren da wichtig und konnten mit Möhrchenübung und Stangenarbeit im Roundpen gut vorbereitet werden. Auch die zusätzlichen Übungen sollten ihr helfen, sich zu entspannen und an den richtigen Stellen zu dehnen. Also hieß es nun für beide Ladys wieder: trainieren.

Muck war hoch motiviert und begeistert dabei. Offenbar fand sie die Tatsache, überhaupt wieder mal im Mittelpunkt zu stehen und gefordert zu werden, richtig toll. Denn das hatte sie ja lange nicht mehr gehabt. Die Augen meines Ponys leuchteten geradezu, wenn ich mit ihr arbeitete. Sie zeigte, dass sie noch alle Wendungen und Übungen drauf hatte, und schlug immer mal wieder einen wunderschönen, versammelten Galopp vor. Ein tolles Pony, meine Muck!

Mit Wilma lief es sich langsamer an. Oft verstand sie uns nicht, immer wieder versuchte sie, ihren eigenen Dickschädel durchzusetzen, hörte nicht zu, baute unerwartete Wendungen ein, die ihr gerade in den Sinn kamen, und schien sich innerlich wegzuschalten, weil ihr vermutlich alles etwas zu viel wurde.

Ich mahnte immer wieder zur Geduld und schlug vor, die Trainingseinheiten zu kürzen. Wilma sollte erleben, dass es leicht zu schaffen war, was wir von ihr verlangten. Wir gingen in unserem Training darum zunächst also erst einmal einen Schritt zurück.
Und mit der Zeit wurde es nun besser mit ihr.

Sie fand es merkbar toll, bei allem, was sie richtig machte, überschwänglich gelobt zu werden, hörte mittlerweile auf „Hufe!", wenn sie diese bei den Stangen aufmerksamer heben sollte, und holte sich gern am Ende ihre Portion Möhrchen ab.

Wilma war die coole Socke, die wir haben wollten. Sie war draußen im Gelände das tiefenentspannteste Pony, welches ich je gesehen hatte. Dass sie dennoch auch ihre eigenen Eigenheiten und etwas Sturheit mitbrachte, das war ja ihr gutes Recht. Teilweise zeigte sie sich sogar noch etwas 'büffelig', ging also grob mit uns um, rempelte sich an uns vorbei und Ähnliches.

Es war nun an uns, ihr zu zeigen, dass das so nicht nötig war. Sie würde auch zu ihrem Recht kommen, ohne es auf diese Weise einfordern zu müssen. Wir wollten gern, dass sie feiner wurde, um sich so auch weniger Unmut und ungute Reaktionen von uns abzuholen. Es war unser Job, ihr klar zu machen, worauf es bei uns ankam, und wie das alles gedacht war.

Mittlerweile hört Wilma gut auf ihren Namen, und auf Fingerzeig verlässt sie den Weidestand - genau wie Muck -, weil sie nun weiß, dass uns der Platz am Eingang wichtig ist, wenn wir mit den Futtereimern kommen.

Wilma und Uwe wachsen auch immer besser als Reiterpaar zusammen. Alles ist wieder ruhiger und normaler für uns geworden. Und zum ersten Mal seit langer Zeit haben wir also endlich wieder ein Pferd, welches kein Problem damit hat, wenn wir mal ein paar Tage Pause einlegen. Sie ist danach eine ebenso coole Socke, wie wenn wir gerade erst gestern miteinander unterwegs gewesen sind. Wilma tut uns gut, ganz klar.

Und ich konnte unsere beiden Pferde morgens endlich wieder so begrüßen wie früher: „Hallo Ladys!".

Uwe und sein neues
Pferd Wilma

Erste Ausritte mit Wilma

Porstriehe - Kuhstedtermoor

Mit Wilma waren wir zügig auf Ausritte gegangen. Auch ein, zwei größere waren dabei, und sie hatte alles mit großer Coolness gemeistert. Mittlerweile ging sie sogar manchmal dort vor, wo Muck ein Problem hat.

So sind wir das eine Mal durch den Feldweg Richtung Kuhstedtermoor geritten und wollten mit einem Trampelpfad nach Dahlendorf abkürzen.

Von dort aus blickt man von dem Weg aus durch einen Tunnel aus Büschen und Bäumen direkt auf ein kurzes Stück Asphalt der weit entfernten, quer verlaufende Landstraße. Und es sah aus, als liefen auf dieser Kühe! Muck stutzte und weigerte sich, in diese Richtung zu gehen. Das war ihr alles zu spooky. Wilma schaute auch, ließ sich aber von Uwe überzeugen und stiefelte einfach an uns vorbei und darauf zu.

Natürlich waren die Kühe auf einer Weide hinter der Straße. Aber aus der Ferne hatte das schon anders und höchst seltsam ausgesehen! Erlebnisse wie diese zeigten, dass unsere beiden Ladys sich gemeinsam gut entwickelten und dabei waren, ein gutes Team zu werden.

So ganz haben wir es allerdings noch immer nicht heraus - wer nun in welcher Position am besten reitet. Die Ladys behakeln sich immer im Roundpen, wenn sie miteinander frei laufen dürfen, versuchen sich gegenseitig auszubremsen und damit klar zu machen, wer da das Sagen hat. Keine von ihnen dominiert dauerhaft, keine von ihnen wird dauerhaft dominiert. Wir haben nun also zwei gleichstarke Charakterköpfe.

Das alles ist natürlich nicht bösartig, sondern eher etwas spielerisch. Es läuft aber unseren Zielen etwas zuwider. Denn die beiden sind so in ihr Miteinander versunken, dass sie dann oft gar nicht mehr mitkriegen, was der Mensch eigentlich gerade von ihnen will.

Beim Reiten hat dieser Umstand auch so seine Vor- und Nachteile. Beide Ponys können vorne oder hinten laufen. Doch in den schnelleren Gangarten haben wir noch kein Optimum gefunden.
Läuft Muck vorne - was sie meist verlässlich tut - so fühlt sie sich bei Trab oder gar Galopp von Wilma bedrängt. Denn die kommt dann von hinten wie ein Dampfross - so hört es sich an - sodass man sich getrieben fühlt.

Muck mag das nicht. Sie schaut die ganze Zeit zurück über die Schulter, versucht Wilma im Auge zu behalten und konzentriert sich nicht richtig auf die Wegstrecke. Wenn Wilma zu nah kommt, vollführt sie kleine Abwehrhüpfer, die im Galopp dann schon mal zu Bucklern werden können.

Das wiederum mag ich nicht.

Durch Uwes Stürze von Pelle bin ich seltsamerweise auch etwas ängstlicher geworden. Und wenn Muck auch nur ans Buckeln denkt, dann gehen bei mir die Alarmleuchten an.

Eigentlich wäre das wohl nicht nötig, denn sie will mich ja gar nicht runterhaben. Aber sie will Wilma hinter sich klar machen: „An mir gehts nicht vorbei, pass auf!" Wilma vorne laufen zu lassen ist leider aber auch nicht die Lösung. Denn sie hat mitunter keine Lust auf längere Trabstrecken und bremst dann einfach immer wieder ab. Im Galopp dagegen macht sie sich vorne besser, den scheint sie auch zu mögen und bremst dann nicht einfach ab. Wir befinden uns also noch

41

immer in einer Findungsphase, so könnte man sagen ...

Bei einem anderen Ausritt reizte es mich mal, uns ein Stück weiter zu führen, um dann durch einen ganz lauschigen Wiesenwaldweg zu reiten, der ganz offensichtlich lange nicht benutzt wurde. Der Bewuchs - Gras und Brennnesseln - standen hier sehr hoch.

Wir ließen die Ladys also frohgemut hineinstapfen und sahen dann erst, worauf wir uns da überhaupt eingelassen hatten: auf dem Weg befand sich unter dem hochgewachsenen Gras - also auch noch schlecht zu sehen - allerlei Unrat, den man vermutlich zur Befestigung einfach aufgeschüttet hatte: Große Steine, kantige Betonstücke, dazwischen sumpfige Löcher ...

Ich trieb Muck vorsichtig voran, ermahnte zur Langsamkeit. Aber Muck passte nicht so gut auf wie sonst, vielleicht weil Wilma hinter uns drängte. Sie war außerdem abgelenkt - durch Rehe, die plötzlich aus dem Gebüsch flohen und davonsprangen, dann durch einen Mann in der Ferne, der dort auf seiner Wiese etwas räumte ... Wir brachen schließlich ein- zweimal im Boden ein. Zum Glück zog sie sich jedes Mal selber wieder heraus und blieb unverletzt. Auch die Hufschuhe waren noch dran. Puh!

Uwe fand uns zu langsam. Er zog mit Wilma vorbei. Wilma war 'online', voll dabei, und ging besonnen und aufmerksam voran. Das war schön, die beiden so zu sehen! Wir folgten durch ein hochstehendes Brennnesselfeld, deren Spitzen bis zu den Oberschenkeln meines Mannes reichte.

Wilma - in ihrer eigenen Art - pflügte durch dieses Feld, den Kopf entspannt nach unten hängend, so wie sie eben am liebsten lief. Als wir dann jedoch auf der anderen Seite auf der Straße herauskamen, zeigte sie sich auf einmal wie verwandelt. Wilma prustete, rieb die Nase am Vorderbein, wurde unwirsch, ließ sich kaum halten, wollte auf der Stelle wegtraben und trampelte nur so herum. Sie wirkte wie außer sich!

Nach einiger Überlegung vermuteten wir dann den

sicherlich richtigen Grund: Sie wird wohl die fiesen Brennnesseln in ihre empfindliche Nase bekommen haben! Nun versuchte sie, das Brennen an der Schnauze loszuwerden, was natürlich nicht so einfach möglich war.

Wie schmerzhaft und gemein das ist, von so großen Brennnesseln gestochen und verbrannt zu werden wissen wir aus eigener Erfahrung. Wir haben ja genug davon auf unserem Grundstück!

Wir fühlten natürlich Verständnis für ihre Lage, doch Uwe hatte seine liebe Not. Wilma hatte die Schnauze voll. Und Uwe musste sie davon abhalten, ihren Dickschädel durchzusetzen. Das war gar nicht so einfach. Denn am liebsten wäre sie heimwärts geflüchtet!

Aus diesem Grunde durften wir den beiden auch auf unserer sonst gern genutzten Trabstrecke an der Kuhstedter Straße entlang keinen Trab erlauben, denn das hätte Wilma nur in ihrer Fluchttendenz bestärkt und sie vermutlich nur noch unkontrollierbarer werden lassen. Das war anstrengend für uns alle vier. Uwe musste sehr mit ihr kämpfen, um sie im Schritt zu halten.

Nach einer gefühlt sehr langen Zeit endlich kriegte sie sich dann aber wieder ein und wurde nun ruhiger. Puh! Wir überlegten, ob es eigentlich überhaupt etwas gab, womit man die Stiche von Brennnesseln hätte lindern können. Aber außer einer kühlenden Salbe fiel mir da gar nichts ein. Und eine Salbe direkt auf der Pferdenase wäre auch schnell wieder heruntergerieben ...

Testläufe mit Wilma:

Kleinere Wander-Kurztrips

Wanderreiten, das war es, was wir wollten!

Und am liebsten wären wir noch im selben Jahr losgeritten - auf die bereits seit letztem Jahr geplante Wanderreittour in die Wingst! Die meisten Stationen dafür hatten wir ja bereits zusammen. Und so wäre es organisatorisch gesehen keine große Sache gewesen, diese Tour nun endlich anzugehen.

Mit Pelle waren wir ziemlich schnell auf Wanderritt gegangen. Im Frühjahr hatten wir ihn erworben, zu uns geholt, im September - mein Jahresurlaub-Monat - waren wir direkt los und in die Lüneburger Heide.

Heute wissen wir, dass wir ihn damit offensichtlich vollkommen überfordert hatten. Denselben Fehler wollten wir darum nun nicht gleich noch einmal machen, jetzt, wo wir Wilma hatten. Zwar war sie ein ganz anderer Charakter. Aber gerade Pferde, die etwas ruhiger sind und sich nicht so leicht in die Karten blicken lassen, können auch erst nach einer geraumen Weile Zeichen einer Überforderung zeigen, obwohl man vorher nicht einmal bemerkt hatte, dass ihnen überhaupt irgendetwas zu viel war. Mit ihr wollten wir denselben Fehler nicht wiederholen, und darum dieses Mal lieber behutsam und langsam vorgehen, um zu sehen, wie weit wir mit ihr gehen konnten.

Wir hatten Wilma ja mal gerade erst im Juni kennengelernt und einen Monat später zu uns geholt. Also entschieden wir uns dazu, alles ein wenig ruhiger anzugehen und zunächst einfach kleinere Trips zu machen. Dabei würde sich dann schon zeigen, wie sie das Unterwegssein fand, und wie sie reagieren würde, wenn sie auf einmal ganz woanders ankommen und übernachten musste ...

Andrea - eine gute Freundin und stets vertrauenswürdige Katzen- & Ponysitterin, wenn wir mal ein paar Tage nicht da waren - hatte schon wiederholt den Vorschlag gemacht, dass wir sie doch auch mal in Hüttenbusch besuchen könnten. Hüttenbusch ist im Grunde nur ein Dorf weiter, und mit dem Auto in einer Viertelstunde zu erreichen. Mit den Pferden würden wir allerdings circa 2 Stunden brauchen, da wir natürlich nicht an der Straße entlang, sondern über nette Feldwege außen herum reiten wollten.

Als wir nachfragten, stellte sich heraus, dass sie leider keine Möglichkeit hatte, unsere Pferde unterzubringen. Aber es gab eine Bekannte mit eigenen Pferden, die uns eine Weide zur Verfügung stellen konnte. Als wir uns die anschauen durften, fanden wir eine wildromantische, wunderschöne Weide vor, umfasst mit Birkenbäumchen und Büschen - ideal, um ein paar Tage auszuspannen! Alles war da: Nette Leute, die Wiese, gegenüber das Haus, falls wir aufs Klo mussten - und sogar ihren Pferdehänger stellten die netten Leute uns zur Verfügung, damit wir unsere Sättel und Pferdeausrüstung auch trocken unterbringen konnten. Wir waren begeistert und wussten, dass dies super geeignet wäre für unseren ersten Testlauf.

Trip I.

Tagestour nach Hüttenbusch

Vier Tage

Am 14.9.2022 schreibe ich in mein Reisetagebuch: ‚Erster Testlauf! Tour nach Heudorf, ca.8 km. Ich hab schon bald nicht mehr dran geglaubt, dass wir noch loskommen!'

Die größte Schwierigkeit ist es, wieder in die Packerei hineinzukommen. Unser letzter Wanderritt mit Pelle war 2020, also vor zwei Jahren. Viele Ausrüstungsgegenstände finden wir nicht wieder oder haben sie schlecht weggepackt, so dass sie nun unbrauchbar geworden sind (wie verschimmelte Regensachen z.B.). Wir finden nur noch einen Regenbezug für die Sättel wieder. Die Wettervorhersage behauptet, es gibt keinen Regen. Aber bei den neuen, teuren Ledersätteln ist das schon ein ziemliches Risiko, das wir da eingehen.

Wir packen ohne Liste, ziehen noch immer gepackte, alte Packtaschen aus irgendwelchen Kisten. Dabei kommen wir an unsere Grenzen.
Wir kommen uns schlecht vorbereitet vor, haben in der knappen Freizeit neben meiner Arbeit für diesen kleinen Wanderritt keinen so intensiven Vorlauf gehabt wie sonst, stolpern gefühlt einfach so in das Ganze hinein.

‚Nur mal eben so‘ geht diese Art des Wanderreitens eben nicht so gut. Dazu sind Organisation und Vorbereitung in der Regel zu umfassend.

Doch andererseits versuchen wir, das Ganze nicht zu hoch zu hängen. Wir wollen ja nur ein verlängertes Wochenende unterwegs sein, vier Tage. Das Ziel ist um die Ecke - also kann man jederzeit etwas Fehlendes von zu Hause nachholen. Wir müssen nicht perfekt sein.

Die Strecke zu kennen ist ein Riesenvorteil. Ich kann entspannt einfach nur reiten, auf meine Muck und ihre Haltung achten, und vor allem Uwe und seine Wilma im Auge behalten. Die zeigt sich von ihrer besten Seite, trottet unbeeindruckt an der Schnellstraße entlang, ohne bei einem der vorbeibrausenden, teilweise klappernden Fahrzeugen auch nur zu zucken. Und Uwe entspannt sich zusehends. Als wir in den Feldern sind, schaut er sogar aufs Handy und macht Fotos. Das wäre in der letzten Zeit mit Pelle undenkbar gewesen!

Wir gehen kein Risiko ein, nehmen die sicheren Feldwege über die Breddorfer Flachebene, kreuzen dann über ein abgeerntetes Feld, welches eine eigentümlich knallrote Farbe angenommen hat. Angekommen auf unserer idyllischen Übernachtungswiese sind wir gespannt, wie Wilma wohl damit zurechtkommen wird, das wir nun bleiben. Doch wie selbstverständlich lässt sie sich alles abnehmen und stiefelt davon, um mit Muck zu grasen, so als hätte sie nie etwas anderes gemacht. Wir sind sehr zufrieden mit denn beiden. Solche Touren werden sie auch weiter zusammenbringen. Denn wenn sich alles um einen umher verändert und nur die beiden Menschen und die Artgenossin das Vertraute sind, so orientiert sich ein Pferd auch daran und schließt sich enger an die Herde. Ein Gefühl, welches wir auch ganz besonders lieben.

Unsere Gastgeberin kommt rüber und fragt, ob wir alles haben. Sie bewundert unser neues Pony Wilma und schlägt einen gemeinsamen Ausritt vor. Hm.

Schnellstraße? Kein Problem für Wilma.

Das wäre mit Pelle am Ende nicht mehr gegangen:

locker einhändig reiten und aufs Handy schauen!

Ein eigentümlich knallrotes Feld! Was das wohl ist?

Wilma fühlt sich sicher: sie hat sich hingelegt.

Schon mit Andrea wollten wir morgen ausreiten, nun aber auch noch mit einem anderen - für die beiden fremden Pferd? Muck kennt das eigentlich nicht, mit anderen Pferden unterwegs zu sein. Meistens irritiert sie das und macht sie unruhig. Bei Wilma wissen wir es schlicht nicht, wie sie damit umgehen wird. Es ist also ein Risiko - oder Abenteuer - ganz wie man will. Aber wir lassen uns darauf ein.
Nachts können wir sehen, dass sich Wilma hingelegt hat, um zu ruhen. Das ist ein gutes Zeichen. Sie fühlt sich hier also sicher!

Nach einer kuscheligen Nacht im Wohnwagen wird draußen gefrühstückt. Gleich rücken die Ladys näher und versuchen etwas von dem Kürbiskuchen abzukriegen, den Uwe dabei hat. Das ist neu für Wilma: so nah bei den Besis campieren! Trotzdem müssen wir natürlich klar machen, dass sie gerne gucken, aber nicht unser Essen klauen dürfen. Es entsteht eine ganze Reihe lustiger Fotos!

Auf das Ausreitgebiet sind wir sehr gespannt, denn von dem hat uns Andrea schon oft vorgeschwärmt.

Die Pferde werden eingesammelt und dann gehts hinüber zu Gaby. Sie hat ihr Pferd - einen Traber - noch nicht so lange, und sie hatte wohl auch in der Vergangenheit einige Stürze von ihm erleben müssen, da er zu plötzlichen Manövern neigte.
Wir haben vollstes Mitgefühl, denn mit Pelle haben wir in dieser Richtung ja nun auch schon so einiges hinter uns! Sie möchte dennoch mit, will aber lieber hinten reiten und wir sollen vorne sein.
Das findet Muck nun besonders spooky, dass sie von Pferden ‚verfolgt' wird, die sie gar nicht richtig einschätzen kann! Ich merke ihr die Unsicherheit an. Sie ist aus der inneren Ruhe gebracht, schaut sich viel um. Dazu kommt das neue Gelände. Wilma dagegen macht alles stoisch mit, als habe sie nie etwas anderes gemacht. Ich freue mich für Uwe. Endlich hat er die coole, verlässliche Socke, die er braucht!

Wilma entdeckt die Vorteile, wenn man mit den Besis
zusammen auf einer Wiese campt

Muck machts vor ...

Wir reiten durch ein idyllisches Wäldchen, sogar durch ein Stück Heide. Als der Wiesenweg breiter wird, ruft Gaby von hinten, wir könnten gern traben. Uwe ist gerade vorne, und vermutlich denken alle, dass Wilma nun so cool trabt, wie sie das auch im Schritt tut. Doch nun kommt Wilmas Kickstart: sie schießt mit Uwe davon, er hat Mühe, sie zu halten, ich versuche mit Muck mitzuhalten ... dann hinter uns ein Schrei, und wir alle parieren sofort unsere Ponys in den Schritt durch.

Zum Glück ist nichts Ernsthaftes passiert. Doch unsere Gastgeberin hat sich durch den Kickstart und das Davonschießen von Wilma derart erschrocken, dass sie Sorge hatte, die Kontrolle über ihr Pferd zu verlieren und - schwupps - einfach sofort abgesprungen ist!
Nun ist Uwe ärgerlich, denn natürlich kennen sich er und Wilma ja erst kurz, und er hatte sich eh nicht wohl damit gefühlt, vorne zu reiten, da er sie noch nicht so gut einschätzen kann.
Natürlich hat niemand Schuld und alles ist glimpflich abgelaufen, aber dennoch fühlt es sich unglücklich an. So bleiben wir für den Rest des Ausrittes lieber im Schritt.

Ich spekuliere so für mich, was der Grund sein könnte für Wilmas Kickstart. Hat sie bei dem anderen Sattel vielleicht Schmerzen gehabt, und wollte ihm per Tempo entgehen? Oder kann es sein, dass Uwe schlicht anders reitet? Er lässt ihr auf jeden Fall mehr Zügel, und es könnte durchaus sein, dass sie es von früher gewohnt ist, mehr gehalten zu werden.

Wie auch immer, die beiden brauchen noch mehr Zeit, um sich besser kennenzulernen und aufeinander einzustellen. Dieser gemeinschaftliche Ausritt war da vielleicht einfach ein wenig zu verfrüht ...

Den Tag danach lädt uns unsere Gastgeberin zum Trail ein. Sie hat verschiedene Hindernisse auf ihrem Gelände, durch und über die wir unsere Pferde nun führen.

Endlich wieder zu Zweit unterwegs - mit zwei coolen Socken

Wir lassen die beiden einfach mal kurz allein auf der Straße stehen. Und Wilma macht auch das mit.

Muck ist vorbildlich, stiefelt nach kurzem Beschnuppern durch alles hindurch und auf alles drauf. Als sie allerdings auf den drei Treckerreifen - die mit Sand gefüllt als Podest dienen - steht, lässt sie sich von Andreas hübschem Islandpony ablenken, passt beim Runterklettern nicht richtig auf und wäre dabei fast über die eigenen Beine gestolpert. Wie peinlich!

Wilma macht alles mit, nur bei dem Podest geht nichts mehr. Wilma sagt nö. Uwe entscheidet richtig: sie hat jetzt so viel Neues mitgemacht. Wenn sie eine Grenze aufzeigt, dann sollten wir die auch akzeptieren. Stimmt. Wir wollten es ja auch langsam angehen.

Eine weitere kuschelige Nacht im Wohnwagen mit dem Stampfen der Pferde um uns herum und dem herrlichen Geräusch der rupfenden Mäuler ... Dann müssen wir auch schon wieder an den Aufbruch denken.
Schade! Gerne wären wir länger geblieben. Aber im Grunde ist es ja das, was wir wollten: erst einmal einen kurzen Trip absolvieren und anschließend schauen, wie Wilma das alles für sich verarbeitet.

Auf dem Rückweg beginnt es zu regnen - und das nicht zu knapp! Also müssen wir uns nun zügig umdressen, Jacken und Regenhosen an, und die Sättel mit den Schutzhüllen überziehen. Regen bringt neue Geräusche mit sich. Das Prasseln der Tropfen auf der Ausrüstung, und die Landschaft verwandelt sich in ein spiegelndes, nasses Etwas, während Wind zusätzlich die Verständigung untereinander schwer macht.
Muck kennt das ja schon. Und Wilma nimmt es glücklicherweise stoisch hin. Ob sie das schon mal mitgemacht hat?
Wir sind ganz stolz auf ‚dat Wülmchen', wie ich sie bereits nenne. Ohne Probleme kommen wir zurück nach Hause, mit Pausen im Regen, und zum Schluss wird dann eben geführt. Denn Reiten bei Regen macht gar nicht so viel Spaß ...

Der ganze Trip verläuft unaufgeregt, ruhig und gemütlich. Herrlich! Nach der Ankunft werden die beiden überschwänglich gelobt, bekommen eine

Extraportion Möhrchen und ein halbes Bier ins Futter.
Lange bleiben wir noch im Unterstand bei ihnen stehen
und schauen dem Regen zu. Niemand von uns mag sich
aus der Viererherde lösen. Ein schönes Gefühl.

Wir beglückwünschen uns zu Wilma. Sie war die
richtige Entscheidung.
Sie hat einiges an neuen Dingen verarbeiten müssen:
neue Anforderungen, eine Tour, die erst einmal nicht
nach Hause führt, die Übernachtung auf fremdem
Gelände, Unterwegssein mit fremden Pferden, Reiten
im Regen mit raschelnder Ausrüstung, und dann auch
noch diese vielen Anforderungen und Hindernisse beim
Trail. (Fast) Alles hat sie mitgemacht!

Unsere Reit-Zukunft mit Wilma sieht also rosig aus. Und
das wichtigste für uns: die Ausritte werden wieder
sicher sein. Ganz egal, ob die eine oder andere Sache
noch unrund läuft, ob sie mal tinkermäßig stur ist,
flüchten will (z.B. vor Brennnesseln) oder einfach den
Motor ausmacht, wenn ihr was zu viel ist. Wir haben
den Eindruck, mit ihr können wir umgehen, und wir
kriegen es hin. Uwe kriegt es hin!

Dieses Mal liegt nicht so ein großer, unüberwindlicher
Berg an Trainingseinheiten vor uns, so wie es anfangs
mit Pelle war, ohne dass man wusste, ob das alles
letztendlich die Sache voranbringen würde. Wilma ist
14 Jahre alt, eine gesetzte Dame in den besten Jahren,
und kein Jungspund mehr. Sie passt zu uns. Sie wird
uns das Vertrauen und die Sicherheit in unsere Ausritte
zurückbringen. Darin sind wir uns nun sicher.

Trip II.

Wanderritt mit Zwei Stationen nach Basdahl

Montag 26.September 2022 - 12,2km - circa. 2,5 Std.

Illegale Abkürzung über Wiesen, Traktor,
Walddurchquerung und das Thema Wolf

Meinen Jahresurlaub verbringen wir also statt mit dem geplanten Wanderritt in die Wingst mit nur kleinen Ritten und damit, so dies und das an Grundstück und Haus zu reparieren. Nicht unbedingt der ideale Urlaub, wie man sich vorstellen kann! Andererseits ist es auch schön, für all diese Dinge Zeit zu haben, die sonst eher verbleiben. Am Ende wollen wir jedoch immerhin einen kleinen Wanderritt wagen, der Wilma schon etwas mehr den Eindruck vermitteln soll, wo es eigentlich mit unserer Viererherde hingehen soll.

Der Wanderritt in die Wingst ist ja längst geplant, und so entscheiden wir uns, in der letzten Woche meines Urlaubs nur die ersten zwei Stationen anzureiten, einen Tag zu bleiben und dann wieder zurück zu reiten. So bekommt Wilma einen Vorgeschmack, und wir ein besseres Gefühl dafür, wie sie das Ganze mitmacht. Und so ist dann auch für das kommende Jahr bereits den Anfang der Strecke für sie vertraut.

An einem windigen Tag machen wir uns auf den Weg - in voller Leuchtausrüstung. Es ist schon ganz schön herbstig und der Nieselregen wird zu richtigem Regen, sodass unsere Ausrüstung zügig unter dem Überzug geschützt werden muss. Aber das kennen die beiden ja schon!

In voller Leuchtausrüstung unterwegs

Wilma beobachtet Kühe in der Ferne

Der Wind war in den letzten Tagen sehr stark, und als wir gerade an einer für Pferde eingezäunten Weide vorbeireiten, macht Muck auf einmal einen plötzlichen Satz und dann einen erschrockenen Kickstart nach vorn. Erst als wir umkehren und nachschauen, erkennen wir den Grund für dieses Schreckmanöver:

Im tiefen Gras versteckt - ein Stück neben dem Zaun liegend - entdecke ich ein Stück Elektrolitze, welches offenbar noch unter Strom steht. Das muss der Wind wohl angerissen haben. Muck hat also beim Drauftreten ordentlich einen gewischt bekommen! Arme Muck. Ich streichele sie und bekunde ihr mein vollstes Verständnis für ihre Reaktion. Zum Glück ist niemandem etwas passiert! Sie pustet noch eine ganze Weile empört vor sich hin.

Ab der Kreuzkuhle biegen wir in den vertrauten Feldweg ein, der weiter hinten - wo er offenbar nicht mehr von den Bauern als Zufahrt genutzt wird - immer weiter zuwächst. Wir kommen bei einem großen Pulk junger Kühe heraus. Unsere Ladys stutzen nur kurz, lassen sich aber nicht zu sehr aus der Ruhe bringen.

Noch vor diesem Ritt hatte ich eine Abkürzung ‚ausbaldowert', die uns widerrechtlich über eine Weide führen soll. So können wir den schönen Feldweg links vom Kanal nun mit einem Wiesenritt verbinden, und vermeiden so die Siedlung und das lange Asphaltgelatsche am Oste-Hamme-Kanal entlang. Das Ausbaldowern zu Fuß ist immer wichtig, da wir hier in der Gegend überall Gräben haben, die teilweise nicht einmal eingetragen sind. Aber vor allem bei einer Abkürzung über Wiesen kann man nur durch ein Abgehen direkt vor dem Ritt sichergehen, dass die Überwegung nicht durch irgend etwas versperrt wird. Denn so etwas kann auch immer noch kurzfristig geschehen.

Ich führe uns den Einstieg über einen zugewachsenen Waldweg bis zur Wiese, weiß durch das vorherige Ablaufen, dass wir uns nun direkt neben dem Entwässerungsgraben halten müssen, um nicht ins sumpfige Gelände zu geraten, finden den Überweg, und wechseln sozusagen ‚auf die andere Seite' Richtung Gnarrenburg. Geschafft! Ich warne Uwe vor dem Maschendraht, der an einer Stelle von einem Zaunpfahl aus im hohen Gras verschwindet und eine unsichtbare Verletzungsgefahr darstellt. Dann traben wir bis zum nächsten, ordnungsgemäßen Feldweg. Von meiner detaillierten Vorbereitung ist Uwe deutlich beeindruckt.

Über die stark befahrene Landstraße, die hier quer vor uns nach Gnarrenburg führt, wollen wir zügig hinüber, und nicht lange am Fahrradweg entlang der Straße bleiben. Dafür gehts hinüber auf ein Stoppelfeld, auf dem gerade ein riesiger Traktor mit dem Pflügen beginnt. Ein richtiges Monster!
Der Traktor ist laut, der Wind pfeift, wir ermuntern die beiden zum Trab und machen uns zügig vom Stoppelfeld Richtung Wald, um nicht den Unmut des Bauern abzubekommen. Am Waldrand angekommen stellen wir fest: wir hatten beide Herzklopfen. Eine gefährliche Situation wäre das gewesen, hätten wir Pelle dabei gehabt! Aber für Wilma war das alles unspektakulär. Unsere stabile Tinkerdame macht einfach mit. Ausgelassen und zufrieden reiten wir an Spaziergängern mit ihren Hunden nebeneinander her Richtung Eichenholz. Es tut total gut, Uwe wieder so sicher und gutgelaunt auf seinem Pferd sitzen zu sehen. Ich gönne es ihm von ganzem Herzen!

Viel zu kurz war die letzte Strecke durch das wunderschöne Eichenholz, vorbei am Steingrab, durch den schon goldenen Buchenwald, über die Anhöhe und dann in die Randbesiedlung von Gnarrenburg.

Hier hatten wir eine Station bei einem netten Kutscher bekommen, der sehr engagiert im örtlichen Reitverein ist und sich auf unsere Suchanzeige gemeldet hatte. Zweimal hatten wir die Wanderreittour abgesagt - nun endlich lernten wir uns persönlich kennen!
Die Pferde bekamen eine tolle Weide mit einem Wäldchen dahinter, und wir durften unsere Ausrüstung sogar trocken im Carport-Unterstand unterbringen.
Dann gab es erst einmal eine Führung zur Kutsche und

Erzählungen über die Touren. Wir waren allerdings noch nicht richtig gelandet und mussten ja noch den anderen Wagen nachholen. So lud er uns zu einem anschließenden Bier ein.

Nach der ‚Nachholtour' mit dem Wagen ist man in der Regel erledigt und sackt innerlich ab. Trotz des positiven Verlaufs war diese erste Strecke doch auch anstrengend und aufregend gewesen. Am liebsten möchte man sich dann direkt ins Warme zurückziehen, die Klamotten wechseln und ein Süppchen aufwärmen. Aber versprochen ist versprochen. So trafen wir uns auf der Terrasse hinterm Haus und verbrachten einige Stunden mit dem unterhaltsamen Kutscher und seiner Frau bei Bier und Malzbier. Er hatte einiges zu erzählen über all die Touren, die er bereits mit der Kutsche machte. Seine Kinder waren mal geritten. Nachdem sie ausgezogen waren, hatte er die Pferde nicht einfach weggeben wollen und darum eingefahren. Er war ein geselliger Typ, der von Treffen und gemeinsamen Vereinsausritten berichtete, zu denen er uns nun auch animieren wollte. Warum wir da denn nicht mitkämen? So 25km seien als Strecke doch nicht zu viel für Pferde. Auch unsere sollten das eigentlich leisten können! Wir reagierten zögerlich. Wir reiten ja nicht der Geselligkeit wegen. Und nicht zuletzt der Ausritt in Hüttenbusch mit anderen Pferden hatte gezeigt, dass dies noch ein anderes Training und mehr Gewöhnung benötigt hätte. Aber im Grunde sind wir auch viel lieber allein in unserem Tempo und in Ruhe auf den von uns gewählten Wegen unterwegs, um die Natur zu genießen. Im Pulk ist das alles einfach anders. Und nicht zuletzt muss man dann auch Wege wählen, die eben auch für Kutschen machbar sein müssen. Und das sind in der Regel befestigte Wege und viel Straße - nix für meine Muck mit ihren empfindlichen Hufen.

Auch das Thema Wolf kommt - mal wieder - zur Sprache. Ob wir vor dem eigentlich keine Angst hätten?

Durchs Eichenholz Richtung Gnarrenburg ...

Angekommen an unserer Gnarrenburger Station

Ich weiß immer gar nicht, wie man darauf antworten soll. Eigentlich vertraue ich auf die Wehrhaftigkeit unserer Ponys und hoffe, dass allein ihre Größe abschreckt. Doch die Beispiele häufen sich - auch in unserer Gegend - dass Wölfe Ponys und sogar Kühe angreifen. Klar macht uns das Sorgen. Aber es kann ja ebenso gut bei uns daheim geschehen, wo sie ebenso draußen sind und für einen Wolf sichtbar auf der Weide stehen.

Bei dem Wäldchen hinter der Weide seien bereits Wölfe gesichtet worden, so bestätigt er. Er habe sich auch schon mit Wolfsbeauftragten getroffen. Doch das sei nicht sonderlich ergiebig gewesen. Dieses Thema ist momentan ein echter Aufreger zwischen Tierhalter:innen und Naturschützer:innen. Denn die Wolfspopulation nimmt rasant zu, und die Risse von Schafen und anderen Nutztieren leider auch.
Meiner Meinung nach muss die Population der Wölfe durch Jäger:innen ebenso in Schach gehalten werden wie die von allen anderen Wildtieren auch. Denn man hat Wölfe ja ausgewildert, damit sie das Gleichgewicht der Wildtiere in Schach halten ... nicht, damit sie sich an den leicht verfügbaren Nutztieren bedienen.

Wir füttern im Dunkeln. Meine Muck kommt, als sie uns entgegen will, vorher einmal gegen die sehr schmale, kaum wahrnehmbare Litze, sodass beide nun sehr aufgeregt sind. Mein armes Pony, schon das zweite Mal hat sie heute einen elektrischen Schlag abbekommen! Viel zu spät kommen wie in den Wohnwagen und aus unseren nassen Klamotten heraus. Endlich gibt es warme Suppe, und ich verfasse meinen ersten Tagesbericht in Stichworten.

Der Regen wird in der Nacht immer stärker, prasselt auf das Wohnwagendach. Es ist total kuschelig, dabei sicher im weichen, trockenen Bett zu liegen! Draußen pupen und galoppieren die Pferde in der Dunkelheit herum. Wir machen uns Gedanken wegen den Wölfen. Hätten wir mit dem Wohnwagen nicht besser bei ihnen auf der

Wiese stehen sollen? Aber schon der Feldweg aufs Grundstück war aufgeweicht und hatte tiefe Fahrspuren. Es wäre wohl kaum möglich, mit dem Auto, geschweige denn auch noch mit einem Wohnwagen dahinter bis auf die Wiese zu fahren, ohne stecken zu bleiben...

Sorgenvoll spähe und lausche ich durch die Plexiglasfenster nach draußen. Irgendwann kehrt Ruhe ein. Sehen kann ich ohnehin nicht viel. Wir schlafen erst spät ein.

Dienstag 27.9.22

Regen, Regen, Regen!

Nasser Wald, Wilma-Panikanfall, glitschiger Steilhang und Bundesstraßen-Überquerung

Am nächsten Morgen erwartet uns ... Regen. Zunächst ist er aber noch leicht, entwickelt sich von feinem Sprüh- zu Nieselregen.
Den beiden gehts gut, sie grasen in aller Ruhe auf ihrer Wiese, so als hätte es niemals eine Aufregung gegeben.
Wir frühstücken im Wohnwagen, packen alles zusammen und brechen auf, um die Basis vorzuziehen.

In Basdahl angekommen dürfen wir den Wohnwagen zwischen ein Tomatenspalier und Obstbäume stellen. Ein lauschiges Plätzchen! Der Roundpen wird der Übernachtungsplatz für unsere Pferde sein, und auch etwas Heu dürfen wir nehmen.
Netterweise hat uns die nette Gastgeberin zugesagt, dass wir drei Nächte für unseren ‚Probelauf'bleiben können. Sie ist schon sehr gespannt auf unser neues

Pferd Wilma und freut sich für uns, dass wir nun nach zweimaliger Absage unserer Wingst-Tour wenigstens diesen Testlauf machen können.
Tatsächlich kennt sie auch den Kutscher in Gnarrenburg. Auch sie selber hat eingefahrene Pferde und eine Kutsche. Aber sie seien da ganz aus dem Training raus, so gibt sie etwas betrübt zu. Es sei zu viel an Hof und Garten zu tun, seit der Vater ihres Mannes gestorben sei. Sie ist Näherin, verdient sich Geld durch das Reparieren und Nähen von Pferdedecken, er ist Zimmermann. Der Hof gehört seiner Familie. Von der Landwirtschaft kann man aber nicht leben, diese Arbeiten werden - wie bei so vielen mittlerweile - nur noch nebenbei in der Freizeit gemacht, um Hof und Land zu erhalten. Ihre drei Pferde werden also gerade nicht bewegt und sind etwas übergewichtig. Auch Kühe haben sie ... und so viel Gemüse! Das ist ihre Leidenschaft, wie ich auch an den Statusmeldungen ihres Handys miterleben kann: Gemüse ziehen. Und sie hat wirklich beachtliche Erfolge vorzuweisen, widmet sich der Sache ganz und gar. Nicht so wie ich, die nebenbei ein paar Pflänzchen vorzieht, sie aussetzt und dann schaut, welches davon es schafft ...

Wir verschnacken uns etwas, wünschen uns noch gutes Reitwetter und müssen dann zurück. Tatsächlich gelingt es auch noch, Muck und Wilma im Trockenen von der Weide zu holen und die Aufrüstung zu befestigen. Doch kaum brechen wir auf, geht es richtig los: Regen!
Er nimmt nun stetig zu und prasselt nur so auf uns nieder.
Ich tröste uns damit, dass es bestimmt besser werden wird, wenn wir erst einmal im Wald und unter dem Schutz der Bäume sind.

Uwe hat erstmals wieder die Ruhe, mit seinem Handy Fotos zu machen - das war zuletzt auf Pelle absolut undenkbar! - und gibt unserem Unterwegssein eine neue Qualität. Er filmt mich dabei, wie ich mit Muck beim Bahnübergang um die Fußgängerabsperrungen schlängele. Wilma wird derweil immer unruhiger, klar, sie will hinterher! Aber dennoch hält sie das warten widerwillig aus.

Als wir mit den beiden über die Landstraße zum Wald kreuzen, müssen wir an einem riesigen, gelben Bagger vorbei, der dort gerade mit knackenden und röhrenden Geräuschen die Straßengräben ausfräst. Beide Ponys stutzen nur kurz, aber ziehen vorbei. Toll!

Als wir endlich in den Franzhorner Wald einlenken, sind wir bereits komplett durch und klatschnass - genauso wie der Wald! Der Weg ist hier breit, lässt genug Platz für die Tropfen, ungehindert auf uns niederzuprasseln, und die weichen Waldwege stellen sich als aufgeweicht und rutschig heraus. Also leider kein Trab, alles geht nur im Schritt!

Mit dem GPS meines Treckis finden wir traumwandlerisch im Zickzack durch den strömenden Regen. Ein Trampelpfad soll uns auf den nächsten Querweg bringen, doch der ist nun in der Zwischenzeit mit Stapeln aus gefällten Holzstämmen verbaut worden. Muck stutzt, spürt meine Verunsicherung, Wilma geht voraus, und schließlich sucht sich jedes Pony seinen eigenen Durchweg.

Unsere noch anfänglich schlechte Laune schlägt um in Galgenhumor und eine ‚Scheiß-egal-Stimmung'.
Wir sind nun bereits so was von durchnässt, sogar in den Schuhen ist mittlerweile das Wasser! Aber nun ist es ja auch wieder egal, denn noch nasser können wir kaum werden. In dem tropfnassen, verhangenen Wald strömt der Regen weiterhin auf uns nieder, und wir nehmen es nun ebenso stoisch hin wie auch unsere beiden Tinkerdamen. Das kann man sich wirklich von den beiden abgucken: Warum sollte man sich aufregen und Energie verschwenden über etwas, was sich eh nicht ändern lässt?

Am Ende des Waldes kommen wir an einen Steilhang. Der schien noch beim Ablaufen der Strecke ein nettes Abenteuer darzustellen. Aber jetzt ist alles matschig, rutschig, und mir kommen Zweifel. Wir steigen ab. Uwe ist nicht halb so ängstlich wie ich ... oder macht sich einfach keine Gedanken darüber. Ich will es noch mit ihm besprechen, über Alternativen nachdenken, doch er fragt nur: „Wir müssen da runter? Ja, dann los!", fasst Wilmas Zügel kürzer und geht einfach hinunter. Es ist nicht nur steil, auch schmal... und damit eher für Fußgänger gemacht. Hier in der Nähe befindet sich auch ein Freizeitheim, und vermutlich wird an diesem Steilhang viel gespielt, gerutscht oder auch Mountainbike gefahren.

Doch unsere beiden Tinkerdamen meistern den Abgang toll, vorsichtig und besonnen. Wilmi rutscht 1-2 Mal, darum suche ich mir einen anderen, etwas weniger steilen Abgang am Hang, ermahne Muck sehr zur Vorsicht und Langsamkeit, und dieses Mal hört sie auch vorbildlich zu und kommt in kleinen, besonnenen Schritten hinter mir her. Puh!

Dann ist es geschafft, und wir befinden uns auf dem festen Boden des Weges, der nun aus dem Wald hinaus und zur Bundesstraße führt. Hier preschen die Autos im High-Speed vorbei, laute LKWs rasen vorbei, Fontänen spritzen auf, und die Lichter der Fahrzeuge reflektieren auf der regennassen Straße. Unsere Ponys kümmert es nicht. Ohne Probleme wechseln wir auf die andere Straßenseite.

Nun gilt es noch mit dem zusätzlichen Wind zu kämpfen, der uns auf der Ebene zwischen den beiden Bundesstraßen erfasst, und wir absolvieren auf den aufgeweichten, breiten Feldwegen das letzte Drittel des Weges, der mit seiner weitläufigen Agrarwüste leider nur wenig Abwechslung und Schutz bietet.

An einem Findling steigen wir auf. Muck kennt das - neben Erhöhungen wie Steinen oder Baumstümpfen einparken, damit ich aufsteigen kann - und auch bei Wilma und Uwe klappt das Manöver ohne Probleme. Dann endlich liegt der Hof vor uns, zu dem wir wollen.

Unsere nette Gastgeberin sieht uns kommen und macht von uns völlig durchnässten Figuren in Leuchtjacken ein lustiges Foto. Wir sind nass bis auf die Knochen!

Regen, Regen, Regen ...

Mal eben
über eine der
Bundes-
straßen
wechseln

Durchnässt bis auf
die Knochen!

Ankunft an unserer
Station in Basdahl

Unsere Gastgeber:innen sind absolut toll! Wir dürfen unsere tropfenden Sachen in ihrem Heizungsraum aufhängen - Sattel, Packtaschen, Jacken, Hosen ... alles ist durch und tropft. Diese Trocknungsmöglichkeit hat einen unschätzbaren Wert für uns! Anschließend werden wir auch noch zu einer warmen Suppe eingeladen, die die Schwiegermutter extra für unser Willkommen gekocht hat. Es ist eine heiße Hühnersuppe mit selbst gemachten Kartoffelklößen. Und für uns kommt sie natürlich genau richtig, um wieder von innen aufzuwärmen.

Sogar einen Heizlüfter bekommen wir noch für den Wohnwagen gestellt. Denn die Luft hat sich nun sehr abgekühlt, und warm ist es nicht ... nicht einmal im Wohnwagen, der sonst immer schnell aufheizt.

Die Pferde haben ihren Roundpen und dürfen auch in dem Gang drumherum grasen. Wir reichen Futter mit einem halben Bier, stopfen ihnen noch ein Heunetz und ziehen uns so schließlich am Ende des Tages geschafft zurück. Das war ein abenteuerlicher Tag!

Ich vermerke in meinem Reisetagebuch, dass die dünnen Sattelüberzüge einem so langen und heftigen Regen leider nicht gut standhalten. Auch unsere Leuchtjacken haben hier enttäuscht. Wir brauchen also richtige Regenjacken. Wieder etwas, was es nachzubessern gilt.

Dann freuen wir uns auf den morgigen Urlaubstag und hoffen, dass das Wetter es dann besser mit uns meint.

Wanderreittouren schweißen unsere kleine Herde
zusammen und machen aus den beiden ein Team!

Mittwoch 28.9.22

Urlaubstag in Basdahl

Prinzessin auf der Erbse, Hundeschule, Rinderauftrieb &
Forstweg-Zerstörung

Der Mittwoch - unser dritter Tag - beginnt trocken und
sonnig. Gott sei Dank! Wir brauchen den Vormittag für
uns, um langsam in die Gänge zu kommen, frühstücken
aber noch im Wohnwagen, weil es darin wärmer ist.

Mit dem ersten Klogang am Morgen verbinde ich es
auch immer, nach den Pferden zu sehen. Es geht ihnen
gut. Ich stopfe ein Heunetz, und schon sind sie
zufrieden und brauchen mich vorerst nicht mehr.

Erst am Mittag starten wir. Ich möchte Muck nach den
matschig-nassen Tagen eine Hufschuhe-freie Zeit
gönnen. Und so brechen wir mal ohne los.
Das allerdings entpuppt sich als keine besonders gute
Idee ...

Ich dachte an weiche, einschätzbare Wald-und
Wiesenwege. So zumindest hatte ich es in Erinnerung,
als wir hier die Gegend zu Fuß erkundet hatten. Doch
es ist ein echtes Eichel-Jahr. Die Böden sind voll davon,
und Muck balanciert beim Laufen wie eine Prinzessin
auf der Erbse. Sie ist extrem fühlig. Manchmal frage ich
mich, ob es vielleicht auch schon zu ihrem zweiten Ich
geworden ist, so fühlig zu sein.

Es geht an einer Hundeschule vorbei. Die Hunde bellen,
kläffen, springen gegen den Maschendrahtzaun mit
Sichtschutzmatte, ohne dass man sie sehen kann. Die
Pferde finden das besorgniserregend, und Mucks
Herzschlag wird deutlich schneller. Aber wir kommen
gut vorbei.

Unterwegs rund um
Basdahl

Dann gelangen wir endlich zu den schöneren Wiesenwegen. Ich kann mich kaum sattfotografieren. Hin und wieder ist der Boden jedoch mit Steinen befestigt. Muck reagiert auf alles, sogar angeraute Asphaltdecken findet sie unangenehm.

Ich steige oft ab. Wenn es für sie eh schon doof zu laufen ist, muss ich ja nicht auch noch mein Gewicht oben drauf packen. Dann kommt wieder ein schöner, grüner Wiesenweg. Wir reiten gut gelaunt voran ... und stoppen auf einmal vor einer quer gespannten Litze. Ein öffentlicher Weg wird einfach abgesperrt?

Hinter den Hecken in einiger Entfernung sehen wir Personen hantieren. Uwe kann schön laut pfeifen, und pfeift eine davon herbei. Eine nette Frau erscheint. Natürlich dürften wir passieren, so erklärt sie freundlich auf unsere Nachfrage. Sie wollten nur in Kürze die Rinder hier entlang treiben, daher die Absperrung. Es entspinnt sich ein sehr nettes Gespräch über Woher und Wohin, und dann dürfen wir erleichtert passieren.

Weiter geht es Richtung Wald. Er trägt den Namen ‚Sünderwald'. Niemand kann mir diesen Namen erklären, auch unsere Gastgeberin später nicht. Aber er muss ja einen schlüssigen Ursprung haben?

Der Weg in den Wald hinein ist steinig und nicht so toll. Wir landen schlussendlich an einer aufgeweichten und völlig aufgewühlten Kreuzung, die schlammig und von den schweren Forstmaschinen kaputt gefahren worden ist. Ich checke mit meinem Trecki, dass ein Rundweg uns wohl viele Stunden kosten würde, und so verlockend sieht dieser aufgewühlte Weg auch nicht wirklich aus. Für einen Ritt quer durchs Unterholz kennen wir uns hier einfach zu wenig aus. Denn es ist immer blöd, wenn man dann doch nicht weiter kommt, weil das Dickicht zu eng wird oder aber ein Graben den Weg versperrt. Schade irgendwie. Aber so kehren wir um.

Am Waldrand treffen wir eine nette Frau, die gerade im Garten ihres recht abgelegenen Hauses hantiert. Wir kommen mit ihr ins Gespräch. Sie wundert sich, dass wir aus dem Wald kommen, und erklärt uns, dass der Waldbesitzer Reiter:innen gar nicht leiden kann ... weil die ja die Wege kaputtmachen. Nach dem, was wir da eben an völlig zerwühlten Wegen vorgefunden hatten, hört sich dieses ewige Argument einfach nur dumm und unsinnig an. Manchmal denke ich, dass da ein altes Argument immer weitergetragen und wiederholt wird, ohne dass man es auf seinen Wahrheitsgehalt überprüft und hinterfragt.

Das Niedersächsische Recht - so hab ich es schon als Kind beim Absolvieren des Reiterpasses gelernt - besagt: In Niedersachsen gilt das Wegerecht. Das bedeutet, man darf alle Wege nutzen, mit der gebotenen Rücksicht natürlich. Stellt jemand ,Reiten verboten'-Schilder auf, so darf man aufgrund des Gesetzes dennoch dort entlang, aber muss eben führen, nicht reiten. Das Führen eines Pferdes kann einem niemand irgendwo verbieten.

Als wir zurückreiten, lenken wir in den Weg ein, den wir gekommen sind, und bemerken ein selbst gemachtes, witziges Sackgassenschild mit einer Aufschrift darunter: ,Ihr Navi spinnt! Nur für Fußgänger und Radfahrer!' Offenbar ist dieser Weg also als ,befestigt' in den Karten eingetragen, so das schon etliche Autofahrer:innen glaubten, hier durchfahren zu können. Da hat wohl jemand zur Selbsthilfe gegriffen! Wir müssen sehr darüber lachen.
Vielleicht sollte so etwas auch mal jemand bei uns aufstellen? Bei uns um die Ecke gibt es nämlich einen Feldweg, der Nordsode mit dem Ortsausgang von Ostersode Richtung Breddorf verbindet. Kommt man also von Nordsode und möchte nach Breddorf, so könnte man hier - rein theoretisch - circa 5km sparen. Als ich einmal dort allein unterwegs war, kam mir ein sehr teurer Mercedes auf dem Feldweg entgegen. Dieser Feldweg ist mal mit Platten auf den Fahrspuren befestigt worden, die sich jedoch mittlerweile alle verschoben haben, teilweise sogar gekippt sind oder hochkant stehen. Man muss also sehr vorsichtig sein, wenn man hier entlang will. Der Fahrer hielt mich an und wollte wissen, ob man hier wirklich nach Breddorf

käme, denn sein Navi behaupte das. Ich meinte: „Sie können hier nach Breddorf abkürzen. Aber wenn sie ihr Auto lieben, sollten sie das lieber nicht tun!" Er hat dann auch umgedreht und ist lieber außen herum über die Straßen. Das sind zwei schöne Anekdoten dazu, dass man lieber nicht seinem Navi zu 100% trauen sollte. Navis sind eben auch nur Menschen ...

Die Rinder scheinen jedenfalls schon auf ihrer Weide zu sein, denn das Absperrband ist weg. Hier gibt es wirklich tolle Wege! Ein schönes Reitgebiet. Gerne hätten wir mehrere Tage, um es zu erkunden. Die abgeernteten Maisfelder laden zum Traben ein. Durch die schweren Regengüsse ist der Acker jedoch viel zu aufgeweicht, darum müssen wir es leider lassen, hier zu reiten. Da würden uns die Pferde vermutlich versacken.

Nach 2 Stunden kehren wir zurück. Ein schönes Maß für einen Urlaubsausflug, wie wir finden. Denn schließlich müssen die Pferde morgen und übermorgen schon wieder die Tour zurückmachen.
Wir entlassen sie in den Roundpen und füttern von dem Heu zu. Ich freue mich darüber, dass es nicht so staubig wirkt. So muss ich nicht fürchten, dass Muck wieder mit dem Husten beginnt.

Am Abend wird uns ein wundervoller Abendhimmel mit imposanten Wolkenformationen geboten. Wir fotografieren und filmen, um es mit all den netten Leuten unserer WhatsApp - Gruppe zu teilen.
Toll sieht das aus! Für eine gemütliche Weile sitzen wir mit der Familie unserer Gastgeberin auf der Terrasse und schnacken. Schön ist es hier! Sie sagt, wir dürfen jederzeit wiederkommen. Das ist echt supernett. Sie überlegt sogar, sich als Wanderreitstation eintragen zu lassen, was ich eine wirklich schöne Idee finde! Ich hatte darüber auch schon nachgedacht, ob wir nicht bei uns daheim eine Wanderreitstation einrichten könnten. Denn wir sind auf unseren Touren bereits auf so viele nette und gastfreundliche Leute gestoßen, dass ich oft denke, dass ich dies gern erwidern würde.   Doch einige Überlegungen haben uns bislang noch davon abgehalten.

Zum einen haben wir sehr mooriges Gelände. Käme eine Gruppe mit größeren Pferden - am besten noch beschlagen - so wäre die Grasnarbe schnell ruiniert. Der Paddock wiederum ist nicht unbedingt für Gäste eingerichtet, denn dort befinden sich der Unterstand und die Tränke unserer Ladys. Und nicht zuletzt ist der Komfort fürs Reitervolk nicht eben überragend. Denn wir haben nur im Sommer ein funktionierendes Aussenklo. Im Frühjahr und Herbst ist es leider nicht nutzbar, und die Leute hätten dann keinerlei sanitäre Anlagen. Aber, ja, ich denke trotzdem eigentlich immer mal wieder darüber nach...

Rückritt

Muck hustet, Apfelnaschen, Wilma-Overload,
Enger Weg durch Schonung mit Steckenbleiben

Am nächsten Morgen gebe ich den beiden zum
Frühstück noch einmal zwei Heunetze und hoffe, dass
Muck es gut verträgt. Doch dann höre ich sie husten...
Und Uwe meint, er habe sie auch schon frühmorgens
husten hören. Oh nein!

Als wir die beiden fertigmachen, hustet Muck trocken,
hart, und so heftig, dass sie auch noch dabei pupst. So
kann ich sie natürlich auf gar keinen Fall reiten! Ich
beschließe, am Anfang zu führen und so bald wie
möglich eine Graspause zu machen, damit sie nasses
Gras futtern kann, was hoffentlich auch die Bronchien
beruhigen wird.
Wir brechen also auf, führen die nächsten zwei
Feldwege bis zur windigen Ebene hinauf und bieten den
Ladys an, zu grasen. Zum Glück geht mein Plan auf:
Muck futtert das nasse Gras, und der Husten wird
weniger. Das feuchte Gras tut ihr also gut, bindet
vermutlich den Staub in ihrem Körper und kann die
Reizung abmildern. Sie schnauft jedoch noch hörbar. So
führe ich sie lieber noch eine Weile weiter. Wir kommen
an einen Baum mit roten Äpfeln. Auch davon naschen
wir alle vier. Muck ist gut gelaunt, hat wache Augen.
Aber ihr Atem ist noch immer deutlich angestrengt.

Auf der weiteren Strecke zeigt sich nun Wilma renitent.
Ohne einen ersichtlichen Grund will sie einfach nicht
weiter! Uwe sitzt auf, und nun geht es erst einmal

wieder besser voran. Vielleicht liegt das aber an seiner Art. Uwe regelt nämlich Widersetzlichkeiten immer am liebsten von oben, während ich bei Schwierigkeiten lieber führe und sozusagen ,mit gutem Beispiel vorangehe'. Immerhin, ein wenig zeigt uns nun auch Wilma, dass nicht alles mit ihr easy sein wird. Auch sie hat ihren Dickschädel.

Wir kreuzen über die erste Bundesstraße ohne Probleme. Als jedoch die zweite Bundesstraße auftaucht, bleibt sie einfach stehen, und nichts geht mehr. Wilma will nicht weiter!
Weder gute Worte, Streicheln oder ein Klaps helfen. Wenn sie nicht will, dann will sie nicht. Mit hochgerecktem Kopf und großen Augen schaut sie argwöhnisch auf die stark befahrene Straße vor sich. Was wohl in ihrem Tinkerschädel vor sich geht?
Auf mich wirkt es fast so, als würde sie denken: 'Im Ernst? Wir sind eben schon über so eine Straße gelaufen! Warum noch einmal dieselbe??'

Ich beruhige Uwe, der langsam die Geduld mit ihr verliert. Irgendwann wird sie sich wieder in Gang setzen. So ist es auch mit Muck stets gewesen. Manchmal brauchen Tinkerponys etwas Zeit für sich. Und genau so ist es auch. Nach einer Weile schüttelt sie den Kopf und setzt sich einfach wieder in Gang, so als wäre das nie die Frage gewesen.

Wir wechseln ohne weitere Vorkommnisse hinüber und tauchen in den Franzhorner Wald ein. Gern hätte ich die Herausforderungen unseres Weges besser dokumentiert. Doch beispielsweise der Steilhang, den wir nun hochzuklettern haben, kommt auf Fotos überhaupt nicht richtig raus. Man sieht schlicht nicht, wie steil er ist.

Muck atmet nun wieder gut, so kann ich aufsteigen. Unser Weg zurück durch den Wald ist beinahe traumwandlerisch und zauberhaft. Ich muss nicht einmal auf den Trecki schauen. Jede Abzweigung finden wir so. Wir reiten einfach nur und genießen ... Ein seltener Zustand für mich, wenn wir auf Wanderritt sind! Sogar einmal Traben ist drin, bis wir wegen uns entgegenkommenden Fußgänger:innen abbremsen müssen.

Als wir auf den letzten Querweg einlenken, nehme ich den Parallelweg, der als Trampelpfad sehr eng zwischen schmalen Baumstämmchen hindurchführt.
Uwe ist skeptisch. Ob Wilma das wohl mag, sich durch so enge Baumstämmchen zu schlängeln?
Ich möchte es unbedingt machen und filme auch dabei.
Muck ist absolut toll und vorbildlich! Einhändig lenke ich sie durch den schmalen Trampelpfad, ermahne sie zur Langsamkeit, zeige ihr genau, auf welcher Seite es eng wird oder noch ein paar Millimeter sind. Das eine Mal bleiben wir tatsächlich stecken, und ich stoppe sofort. Es sind aber nur die breiten Packtaschen, die uns steckenbleiben lassen. Ich kann die Taschen einzeln per Hand aus dem Geäst eines der schmalen Tannenbäumchen herausziehen, und so geht es weiter. Muck ist sofort stehen geblieben und hat nicht einmal mit besonderer Besorgnis reagiert. Es gab eher einen Blick zurück, der so aussah wie: ‚Hannah, regelst du das mal?'

Wilma ist ein wenig schmaler als Muck, und so hat Uwe nicht dasselbe Problem. Vorbildlich trägt ihn durch den engen Weg hindurch, ohne besorgt oder gestresst zu wirken. Wilma ist offenbar auf dem Weg, ein richtiges Wanderreitpferd zu werden!

Als wir aus dem Franzhorner Wald kommen, gibt es wieder das Herumgeschlängel um die Fußgängerabsperrungen am Bahndamm zu absolvieren - dieses Mal filme ich Uwe dabei, wie er mit Wilma diese Herausforderung vorbildlich meistert - und dann legen wir eine Pause an den Gleisen des Moorexpress ein, ehe es auf den Waldweg des Eichholzer Waldes geht. Hier gibt es viele Kräuter wie auch Spitzwegerich zu futtern. Gut für meine Muck!
Der kurze Waldweg durchs Eichenholz ist ein Genuss, ehe es in die Siedlung geht. Mithilfe von Googlemaps fädeln wir uns mit einer anderen Wegführung durch die Siedlung - quasi eine Abkürzung - die uns quer

Apfelnaschen mit Muck & Wilma

Am Rand des Eichenholzes

hindurch und über einen Fußgänger-Stichweg führt.

Und als wir schließlich bei unserer Gnarrenburger Station ankommen, wirkt Muck geradezu verblüfft, so als habe sie die Station hier noch gar nicht erwartet. Offenbar habe ich mit der anderen Strecke ihre innere Kompassnadel etwas durcheinandergebracht.

Wir entlassen die beiden im beginnenden Nieselregen auf die Weide. Leider ist auch hier viel zu wenig Gras darauf. Unser Gastgeber hat jedoch leider kein Heu für uns. So muss es diese Nacht noch einmal so gehen. Wir beschließen, sie morgen gleich nach dem Frühstück erst einmal eine Weile an der Hand grasen zu lassen. Eigentlich ein blödes Gefühl. Die Pferde haben zwar Feierabend, aber sie sind nicht so gut versorgt, wie wir uns das wünschen würden.

Dieses Jahr ist allerdings auch ein schlechtes Weidejahr. Niemand hat genug Gras oder konnte ausreichend Heu ernten. Ich überlege, dass man bei zukünftigen Touren vermutlich eigene Heunetze und eine Wanne zum Tauchen dabei haben sollte, um sicherlichzustellen, dass das Heu Muck nicht zum Husten bringt.

Wir gönnen uns eine Pause vor dem Wohnwagen, beobachten die beiden, sitzen im Nieselregen, trinken etwas und fachsimpeln.
Im Grunde ist Wilma ein Traum-Wander-Reitpferd. Ich meine, Uwe darf nicht zu schnell zu viel von ihr erwarten, denn für sie ist schließlich alles neu: wir, Muck und auch das, was wir mit ihr unternehmen.
Sie ist ja gerade erst 6 Wochen bei uns!
Sturheiten, Verweigerungen und das Hinterfragen der ganzen Sache sollten wir ihr nachsehen. Es ist ihr gutes Recht, zunächst nicht alles einfach hinzunehmen, was sie mit uns erlebt. Egal wie cool ihr Charakter ist: auch sie benötigt Zeit, um sich an alles zu gewöhnen. Und die sollten wir ihr unbedingt geben. Schließlich wollen wir keinen zweiten Pelle!

Als wir mein Auto nachholen, fahren wir an den Straßenbäumen in Basdahl vorbei - an denen unsere Ladys vorhin noch genascht hatten - und ernten ordentlich von den roten Äpfeln ab. Zwei Kisten voll werden es!

Ich wundere mich immer wieder, dass die Äpfel der Straßenbäume von niemandem geerntet werden. Das war früher anders, so wie ich erinnere.

Aber Äpfel können wir eigentlich immer gebrauchen, für uns ebenso wie auch für die Pferde, die eigentlich täglich ihre 1-2 Äpfel am Tag zu futtern kriegen.

Freitag 30.9.2022

Home sweet home

Steinzeitgrab, Unterholz-Klettern,

Heim mit Kranichen

Nun also geht es nach Hause: der letzte Tag unserer ersten, richtigen - wenn auch kleinen - Wanderreittour mit Wilma. Der Tag ist warm, herbstig-golden und trocken. So wird das sicher ein toller Reittag werden!

Durchs Eichenholz gehts hindurch, und dann möchte ich unbedingt an dem großen steinzeitlichen Grab halten, welches es hier zu bewundern gibt, und Fotos machen. Doch aus welchem Grunde auch immer ... beide Pferde fühlen sich dort nicht sonderlich wohl und wollen nicht gern bleiben, zappeln herum. So geben wir auf. Ob Pferde auch etwas von der Vergangenheit spüren? Es gibt Filme darüber, dass Tiere Geister sehen können und Vergangenes ... Dinge, die uns Menschen verborgen bleiben. Ich selber fühle oft gern diesen Dingen nach und versuche, mir vorzustellen, wie es wohl hier vor zigtausenden Jahren ausgesehen haben mochte. Und wie die Menschen waren, die hier lebten und ihr Siedlungsgrab pflegten.

Durch das Eichenholz am Steingrab vorbei

Doch vielleicht war der Ort auch einfach nur uninteressant für unsere Ladys. Es sind halt große Steine inmitten einer eher engen, unübersichtlichen Stelle mitten im Wald. Sicherlich auch sonst kein Platz, an dem sich ein Pferd sonderlich sicher fühlen und gerne lange bleiben würde ...

Schon reiten wir aus dem schönen Eichenholz-Wald heraus und am Waldrand entlang Richtung Messelskamp. Irgendwie kommt uns der letzte Ritt Richtung Heimat auf einmal so kurz vor und das Wetter ist noch so schön!
Am Waldrand legen wir eine Pause ein, lassen die Pferde noch einmal nach Herzenslust grasen. Ob man wohl durch das verkrautete Waldstück hier neben dem Weg abkürzen könnte? Er sieht schön und wild aus. Ich frage Uwe, ob er Lust auf Abenteuer hat, und er hat! Also sitzen wir nach der Pause auf und lassen die Pferde durchs Unterholz klettern. Beiden macht das ganz offensichtlich Spaß. Es sind typische Tinker, unsere beiden! Wir umrunden dichte Stauden, klettern über Äste und Zweige, kämpfen uns zwischen eng stehenden Bäumen durch bis zur stark befahrenen Landstraße Richtung Gnarrenburg ... und stehen dann plötzlich vor einem Maschendrahtzaun. Na so ein Mist!

Also alles wieder zurück. Aber egal, Spaß gemacht hat es trotzdem. So geht es zurück auf den Feldweg, und nun wechseln wir ordnungsgemäß von diesem aus hinüber über die Straße und das Wohngebiet. Unsere Abkürzung über die Weiden hinüber von der Gnarrenburger Seite auf die des Kuhstedter Moores können wir traben, und lenken dann auch schon auf unseren Lieblings-Feldweg ein, der uns durch die Felder heimwärts führen wird. Erst geht es über Schotter, dann Steinplatten, Schamott, bis er zum Wiesenweg wird ... Ich fotografiere die unterschiedlichen Beschaffenheiten unseres Weges und stelle sie in die Gruppe ein.

Auf vertrauten Wegen Höhe Kuhstedter Moor

Als es an die vollkommen zugewachsene Stelle geht, wo wir uns ducken und die Pferde ihren Weg alleine finden müssen, filme ich ein Stückchen. Das ist beinahe wie im Dschungel! Traumwandlerisch tragen sie uns durch den Engpass hindurch, und als wir wieder freie Sicht haben, können wir uns wieder aufrichten und atmen tief durch.

Die Kraniche ziehen über uns hinüber und in der Ferne laufen Rehe. Der weite Blick über die Felder ist fantastisch, und es herrscht eine wunderschöne Stimmung! Eine aufmerksam gewordene Herde Kühe galoppiert nun rechts auf der weitläufigen Weide auf uns zu, und unsere Ponys erschrecken sich kurz und stutzen. Sie lassen sich aber schnell überzeugen, dass keine Gefahr droht.

Ich bin stolz auf die beiden. Sie meistern alles super und haben gut mitgemacht - Muck ebenso wie Wilma. Wirklich toll! Nun geht es nur noch den vertrauten Weg durchs Dorf, und dann sind wir schon zu Hause. Am Ende des Tages bekommen beide ein Dankeschön-Bier in ihr Futter und werden in den Feierabend entlassen. Schön war das! Mehr davon!Wenn man bedenkt, wie kurz wir Wilma erst haben, so kann man nur stolz auf sie sein.

Dennoch zeigte ihr'Overload' und diese Totalverweigerung vor der zweiten Bundesstraße, dass es auch für ein Pferd wie sie ganz schön viel war. Sie wird die nächste Zeit genug Gelegenheit haben, das alles in Ruhe zu verarbeiten. Ich denke daran, dass es toll wird, wenn wir nächstes Jahr zu Pfingsten wieder ein langes Wochenende mit den beiden reiten und irgendwo bleiben können. Die Zeitfenster bei einer festen Arbeit sind ja leider begrenzt, und wann immer ein Tag mehr dabei herausspringt, will ich ihn auch nutzen, wenn nur irgend möglich!

Verbesserungen

Wir hatten Gelegenheit, nach längerer Pause mal wieder alles zu benutzen, was wir so auf unserem Wanderritten an Ausstattung benötigen. Dabei mussten wir feststellen, dass doch so einiges reparaturbedürftig ist.
Im Wohnwagen war so einiges kaputt, und ich mache mir eine Liste, was es zu reparieren und zu verbessern gibt: Ein neues Rollo für unser Fenster musste her, die Schublade fiel fast heraus und sollte repariert werden, eine neue Leiste an der Tür war nötig, und einige zusätzliche Neuanschaffungen wären toll.

So kochte Uwe noch immer auf einem kleinen, wackeligen Camping-Gaskocher, der eigentlich nur aus einem Gestell über einer Kartusche geschraubt besteht. Der ist so wackelig, dass man beim Kochen den Topf festhalten muss und sich währenddessen möglichst nicht im Wohnwagen bewegen darf, damit nichts wackelt und der Gaskocher ruhig stehen bleibt. Ich will darum unbedingt in einen neuen, flacheren Gasherd investieren... und in einen Heizlüfter. Offenbar kann so einer bei entsprechendem Wetter auch nötig werden, wie man sieht.

Außerdem denke ich über unsere Pferde-Ausrüstung nach. Unsere Leuchtjacken halten leider nicht viel Regen ab. Es sollen also neue Regenjacken her, und ich werde nach besseren Regenbezügen für die Sättel suchen.

Wir hatten das Glück, bei beiden Gastgebern unsere Ausrüstung und vor allem die schweren Sättel unterbringen zu können. Das kann man jedoch nicht bei jeder Station erwarten. Darum bräuchten wir so etwas wie fahrbare Caddys für die schweren Sättel und vielleicht noch brauchbare Sattelgestelle, um sie im Auto unter zu bringen. Meine Liste für Anschaffungen und Reparaturen werden wir so nach und nach abarbeiten können. Zwar kommt jetzt erst einmal der Winter und keine längere Tour mehr. Doch nach dem Wanderritt ist ja auch immer vor dem Wanderritt ...

Wunderschöne Stimmung auf dem verkrauteten Weg
im Kuhstedter Moor

Neustart in 2023

Im Winter reiten wir meist (viel zu) wenig oder lassen Ausritte ganz sein, weil es regnet, stürmt, oder aber der Boden zu aufgeweicht ist, um sicher unterwegs sein zu können ...
Unsere Versuche Richtung Reithalle enden für Uwe meist frustrierend, denn: Wilma hat überhaupt keine Lust, sich in der Halle zu bewegen. Da sind Tinker eben auch speziell. Sie finden es nicht sinnvoll, sich im Kreis zu bewegen und dabei nirgendwohin zu kommen. Um mit ihr in Bewegung zu kommen, hätten wir wohl ein richtiges Programm mit vielen kleinen, spannenden Aufgaben überlegen müssen. Doch der Aufwand für uns ist auch immer ganz schön groß: eine halbe Stunde im Schritt hin, eine halbe Stunde wieder zurück, und dann noch vor Ort einen ganzen Trail aufbauen...? Da bleibt dann nicht mehr viel über von der Stunde, die man eigentlich reiten wollte ...

Rund um Ostern gibt es auf der Arbeit in der Regel immer viel zu tun: Unser Kunstprojekt mit einer Woche Vorlauf startet, und die Feiertage werden auch gerne für Familientreffen genutzt.

Pfingsten ist darum immer unser erstes, verlängertes Wochenende, um sich auf einen kleineren Wanderritt zu begeben, neue Strecken auszuprobieren und das erste Mal im Jahr wieder Wanderreitluft zu schnuppern!
Ich freue mich wie ein Kind darauf. Ein riesiger Vorteil ist auch dabei, dass man sich nur einen Katzensprung

von zu Hause befindet. Wir müssen also auch bei diesem Trip noch nicht perfekt sein, an alles denken und alles dabei haben - so wie das dann im September bei der großen Wanderreittour wichtig sein wird. Das macht es immer leichter, überhaupt wieder mit der ganzen, umfassenden Organisation zu beginnen und ins Thema zu starten ...

Gerade in diesem Jahr ist durch die Wärme und das verrückte Frühjahrs-Klima sogar alles schon so weit, wie man es oft erst im September verlässlich vorfindet: abgemähte Wiesen, über die man reiten darf, und vor allem ist der Boden bereits trocken - ungewöhnlich für diese Jahreszeit! So kann man auch mal über sumpfigeres Gebiet oder nicht befestigte Waldwege reiten, bei denen man sonst wohl Befürchtungen haben müsste, dass die Pferde einsinken. Da es aber auch so früh schon so warm ist, sind leider auch die Insekten schon da - und dieses Jahr sind es nicht wenige: Stechfliegen- und Mücken in Formen und Größen, die ich bewusst so und in dieser Größe und Anzahl noch nicht gesehen hatte.
Wir müssen uns also gut wappnen ...

Erstmalig in diesem Jahr versuchen wir uns darin, die Pferde einzudecken. So sind wenigstens die meisten Körperteile geschützt, und man muss nur noch die Beine und den Bauch einsprühen. Solch ein Kurztrip bietet die Gelegenheit, nicht allzu weit entfernte Ziele anzusteuern, die wir dennoch im Alltag nicht erreichen würden. Es hat also große Vorteile, wenn man nicht am selben Tag zurückreiten muss.
Wir wollen also nach Hellingst.
Eine Bekannte von uns besitzt dort eine kleine Tierfarm, um für Schulklassen Seminare mit Tierbegegnungen anbieten zu können. Corona hat ihr leider alles kaputtgemacht. Darum sind nun nur noch ein paar wenige tierische Bewohner:innen über, und sie versucht nun, von der Vermietung von Ferienwohnungen zu leben. Es gibt auch eine Weide und eine Wiese, wo unser Wohnwagen stehen darf. Wir kennen uns vom Ferienprogramm her, für das ich lange Zeit all die Anbieter:innen anschrieb, um ihre Angebote zu

sammeln und zu veröffentlichen. Auf ihrer Webseite wird auch nach wie vor die Möglichkeit von Camping, und sogar ein Bauwagen angeboten. So lag es nahe, einfach mal bei ihr nachzufragen, was sie von einem Kurzurlaub auf ihrem Gelände halten würde? Aber klar, so ihre Antwort, wir könnten sehr gerne kommen! Die Wiese für den Wohnwagen müssten wir uns nur mit anderen Campern und auch Eseln teilen. Na, das ist mal was anderes!

Wir freuen uns schon sehr auf diese Tour. Es sind etwa 15 km zu bewältigen. Das klingt nicht viel, aber es geht - natürlich - mal wieder über unwegsames Gelände, über Wald, Wiese, sumpfiges Gebiet, und bietet dadurch viel Abwechslung, wird aber sicher auch anstrengend für unsere Ladys werden.

Ich brüte also über den besten Weg, schaue mir Karte und das Gelände über googlemaps an. Eigentlich wollte ich gerne über den Giehler Bach - der hier mit seinen sehr steil ausgebaggerten Böschungen eine ernst zu nehmende Grenze darstellt - bei einer idyllischen Waldwiese hinüber in den Wald kreuzen. Doch als wir uns das einmal näher anschauen zeigt sich, dass diese vom Bauern gebaute Treckerbrücke mehr als marode ist. Die Balken sind morsch, durchgefault und liegen teilweise im Bach. Mutige Fußgänger:innen trauen sich vielleicht da hinüber. Aber weder Pferd noch Traktor dürften hier wohl unbeschadet auf die andere Seite gelangen. So muss ein Alternativweg her, für den wir allerdings - und das wollte ich gern vermeiden - ein Stück die viel befahrene Landstraße entlang müssen. Aber ja, wir sind ja nicht mehr mit Pelle unterwegs, sondern mit Wilma. Es wird also kein Problem darstellen.
Die Wettervorhersage ist bestens. Es soll sonnig und trocken bleiben. Unsere Vorfreude wächst ...

Wenn man wieder startet und all die gut weggepackten Ausrüstungsgegenstände aus den Regalen zieht, überfordert einen zunächst das ganze Orga-Chaos. Haben wir alles dabei? Ist alles am richtigen Platz? Auch das Katzensitting will abgesprochen werden.

Am Tag vor unserer Tour arbeite ich bis 19 Uhr, und erst danach kann ich zurück nach Hause, damit wir beide den Wohnwagen hinbringen können ... Doch vorher müssen noch zügig die Dinge in die Autos verfrachtet werden, damit wir losfahren können. Himmel! Jedes Mal fragen wir uns, wie wir das eigentlich vorher geschafft haben. Für einen selbst macht man sich selten Sorgen um irgendetwas, denn da wir die Autos bei uns haben, ist ja alles nachholbar.

Aber für unsere Ponys muss bei der Ankunft alles stimmen. Das sind wir ihnen schuldig. Denn nach dem langen Hinritt sollen sie in den Feierabend gehen und umgehend versorgt werden können ...

Einiges fordert zusätzlich gerade in dieser Jahreszeit unsere besondere Aufmerksamkeit. So habe ich Gemüsepflänzchen vorgezogen und in die Hochbeete gesetzt. Die muss man gerade zu Anfang unbedingt wässern, damit sie nicht eingehen. Also werde ich wohl wenigstens ein Mal zum Gießen zurück müssen.
Achja, und in diesem Jahr haben wir auch wieder einen Wurf mit kleinen Katzen. So müssen wir uns natürlich auch noch darum kümmern, dass die weltbeste Katzen- und Ponysitterin unseres Vertrauens über die Tage nach ihnen schaut, und Mama und Kitten füttert.

Trip III.

Wanderritt nach Hellingst

Hinritt: 27.5.2022   Circa 15,2 km

Waldhindernisse, Springmoor, böse Schranken,
Sumpf, wilder Jäger und Eselweide

Wir haben Glück. An diesem Tag ist wahres
Strahlewetter: Es ist warm und windig. Wir ziehen die
Insekten-Ausreitdecken drüber, legen mit Insektenspray
nach, und los gehts.

Zum ersten Mal in diesem Jahr reiten wir wieder mit
voller Ausrüstung. Der Weg bis zur Bundesstraße wird
uns allerdings lang, denn es geht immer an der Straße
entlang. So kürzen wir einmal über einen Feldweg, und
einmal sozusagen widerrechtlich über eine Weide etwas
ab. So haben unsere Pferde immerhin ein wenig Gras
unter den Hufen. Dann gehts wieder weiter mit dem
Böschungs-Geklettere.
Muck stapft vor sich hin. Beide Pferde wirken nicht
sonderlich engagiert oder erfreut. Noch befinden wir
uns ja auch nicht auf besonders tollen Wegen.

Bei Vollersode gehts neben dem Friedhof Richtung
Bundesstraße, und hier wechseln wir hinüber in die
waldige Landschaft. Endlich! Ein Feldweg führt uns weg
vom Verkehr an einer Wiese entlang, und hier legen wir
die erste Pause ein. Mittlerweile ist es richtig heiß
geworden. Aber der Wind ist eine Wohltat. Die Ladys
futtern begeistert am Wegesrand, und wir freuen uns
über Äpfel und Getränk. Der ewig hungrige Uwe futtert
auch schon sein erstes Brot.

Tolle Hindernisse im Wald

Blöde Schranke!

Ein kurzer Abschnitt durch etwas Wald - wo als Abenteuer querliegende Baumstämme auf uns warteten - und dann auf einem schönen, langen Wiesenweg führt uns parallel zum Giehler Bach zur viel befahrenen Landstraße gen Hellingst. Wir müssen nun auf dem Fahrradweg entlang. Die Autos brausen mit 80 und 100 km/h an uns vorbei, bringen den Sog einer wahren Druckwelle mit sich, die uns jedes Mal auf der offenen Strecke erfasst. Unmittelbar ziehen wir die Köpfe ein. Aber nein, wir sind nicht mit Pelle unterwegs, unseren beiden Ladys macht das nichts. Sie trotten einfach an unserer Hand neben uns und nehmen keinerlei große Notiz von den Druckwellen der Fahrzeuge.

Warnschilder weisen auf Bodenwellen hin, doch ist ja wohl mal untertrieben! Denn die Asphaltdecke des Fahrradweges ist hier komplett zerrissen und abgesackt ist. Wir müssen also auf den Weg achten, damit die Ladys nicht stolpern.

Dann wechseln wir auf die andere Seite und können an ein paar liegenden Baumstämmen aufsitzen.
Vor uns liegt das Springmoor, ein Heidegebiet und herrliche Naturlandschaft! Es geht eine Anhöhe bergan und der Wind erfasst uns. Wir traben, und die beiden Ladys springen auch sofort an. Nun gehts es erst einmal nur noch durch Wald und Wiesen!

Muck scheint nicht zuletzt durch diesen neuen Weg, auf dem wir zuvor noch nie geritten sind, zu begreifen, dass es nun nicht mehr zurückgeht. Ich habe das Gefühl, nun ist sie voll ‚online' und scheint erfreut über die Aussicht, Neues zu erleben.

Als ich diesen Feldweg abgelaufen war, wusste ich, dass er in einer Wiese mündet und nicht weiterführt. An dieser Stelle war das Dickicht des angrenzenden Waldes auch so dicht, dass man mit den Pferden nicht durchgekommen wäre.
Doch links von uns grenzte ein wildes, naturbelassenes Gebiet mit Binsenbewuchs, Heide und einzelnen Sträuchern. Dort, so hatte ich für mich abgespeichert, könnten wir einfach parallel an dem dichten Wald

vorbeiziehen und kämen dann weiter oben auf den Querweg, von dem aus es für uns auf dem regulären Wegenetz weitergehen konnte.

Nun kommen wir also auf besagter Wiese an und ... müssen feststellen, dass dieses naturbelassene Gebiet es in sich hat! Wir steigen ab, um zunächst überhaupt einen Einstieg zu finden. Hier stehen Büsche und Sträucher so eng, verbunden mit einem kleinen Graben und dahinter einem Wall als Begrenzung, dass wir zunächst etwas verwundert davor stehen. Wie sollte man hierdurchkommen? Wieso war mir nicht aufgefallen, dass das für Pferde eigentlich viel zu eng war, um auf dieses Gelände zu wechseln?

Wir suchen die Hecke ab, und irgendwann findet sich dann doch ein Durchgang, der vermutlich eigentlich eher ein Wildwechsel ist: Ein sehr schmaler Pfad, welcher durch die Strauchreihe führt und anzeigt, dass an dieser Stelle Graben und Wall passierbar waren. Zumindest waren hier schon einige Paarhufer wie Rehe oder gar Schweine entlanggelaufen. Also los! Dieser Teil unserer Etappe erwies sich nun als eine sehr viel größere Herausforderung als erwartet. Der Durchgang ist sehr eng, wir müssen vorgehen, und nach etlichen Kratzern, ‚Aua!'-Ausrufen und heftigem Schaben der Äste an den Packtaschen sind wir dann endlich durch.

Kaum auf der anderen Seite zeigt sich, dass es nun eigentlich erst richtig spannend wird, denn wir befinden uns auf einem naturbelassenen Hochmoor, welches hier ‚Springmoor' genannt wird. Obwohl wir uns auf einer Hochebene befinden, war eindeutig zu sehen, dass es hier normalerweise sehr sumpfig sein musste: denn die gesamte Fläche ist überdeckt mit wehrhaften, harten Gras- & Binsenbüscheln, die sich alle auf einer schopfartigen Erderhebung befinden. Dazwischen liegt - etwa 20-30cm tiefer - der eigentliche Boden, den man vor langen Grashalmen kaum sehen kann und in dem wohl sonst das Wasser steht. Hier zu laufen ist nicht nur enorm anstrengend, sondern auch gefährlich.

Für Pferde ist es eigentlich wie ein Supergau, wenn man sich auf solch unwegsamem Boden befindet, bei dem man zum einen auf jeden einzelnen Schritt achten muss, um sich nicht zu verletzen, und andererseits dadurch nicht die Sinne frei hat, um die Landschaft im Blick zu behalten. Flüchten wäre auf solch einem Gelände für ein Pferd also ganz schön gefährlich. Es hätte die Wahl zwischen Säbelzahntiger oder gebrochenen Beinen ... beides nicht schön!

Uns bleibt nichts anderes übrig, als die beiden zur Vorsicht zu mahnen, vorzugehen und sorgsam den Weg zu suchen. Das ist eine große Herausforderung an Geduld und Körperbalance! Wir müssen wirklich sehr aufpassen, wo man einen Fuß hinsetzen kann. Uwe und ich haben immerhin nur zwei Füße, die man vorsichtig in die Erdlöcher platzieren musste. Die Pferde mussten nun aber alle vier Hufe gut sortieren!

Wilma hatte so etwas offenbar noch nie gemacht, zieht und zerrt an Uwe, der eigentlich unaufhörlich fluchend den besten Weg zu finden sucht, bis er endlich die Nase voll hat und aufsteigt. Klar, Wilma stolpert das eine ums andere Mal, aber nun sucht sie sich selber ihren Weg und Uwe pfuscht ihr da wenigstens nicht mehr rein! So geht es anscheinend nun besser bei den beiden.

Von Muck kenne ich es schon, dass sie in solchen Situationen unwirsch und ungeduldig wird. Ihr gefällt das Gelände aus verständlichen Gründen nicht, dadurch passt sie jedoch nicht gut auf und stolpert immer wieder, was wiederum mich - die ich sie die ganze Zeit über sanft zu dirigieren und von Verletzungen fernzuhalten suche - dann natürlich auch aufbringt und verärgert.

Endlich, endlich erreichen wir den anvisierten Querweg, der auf die Anhöhe hinaufführt, und nun beruhigt sich Muck auch sofort wieder. Sehr gut, fester Boden unter den Hufen und einen super Überblick über die Heidelandschaft - so mag das mein Pony!

Wir sind von den Strapazen der herausfordernden Strecke geschafft und legen eine zweite Pause zwischen

Heidelandschaft und Waldrand ein. Das war ein echtes Abenteuer! Aber schnell sind wir uns einig: Auf dem Rückweg brauchen wir das nicht noch einmal. Da muss es einen anderen Weg zurückgeben.
Im Grunde können wir nur froh sein, dass die beiden das alles so gut gemeistert und mitgemacht haben. Aber es war im Grunde ein völlig unnötiges Risiko, in das ich unsere Viererherde gebracht hatte, so werfe ich mir nun zerknirscht vor. Allzu leicht hätte man sich hier die Sehnen oder auch noch viel mehr verletzen können.

Jetzt jedenfalls befinden wir uns an einem wunderschönen, sonnigen Ort, der Wind vertreibt die Insekten, die Pferde grasen, und wir schauen über eine wirklich zauberhafte Heidelandschaft, deren Bewuchs golden-rötlich schimmert. Toll! Schon dieser Ort war den Ritt bis hierher wert, da sind wir uns einig.

Dann sitzen wir auf und folgen dem sandigen Weg weiter bis auf die Wiese, in die er mündet. In einiger Entfernung sehen wir den Worpsweder Golfplatz, der hier ein großes Areal besitzt. Wir aber wenden uns nach links und in den Wald, in einen völlig verstrauchten und zugewachsenen Weg. Doch wir sind ihn schon zu Fuß abgelaufen und wissen darum, dass er machbar ist. Dennoch hole ich zur Sicherheit meinen Trecki heraus.

Im Wald gibt es - so fällt mir auf - eigentlich das umgekehrte Problem wie mit den Maisfeldern. Während die Maisfelder heutzutage allzu viele schöne Wiesen- und Feldwege ‚löschen‘, hat man im Wald eher das Problem, dass meist mehr Wege da sind, als auf irgendwelchen Karten oder Apps verzeichnet. Denn hier entstehen durch den Holzabbau ebenso wie auch durch Jäger (die eine Zufahrt zu ihrem Hochstand brauchen), immer wieder neue, nicht verzeichnete Wege. Und wenn dann noch die eigentlichen Wege verkrautet sind - so wie dieser, den wir gerade entlangreiten -, so kann man die einen von den anderen kaum noch unterscheiden.

Dann sehen wir vor uns etwas Licht durch die Bäume, und juhu: wir sind genau dort heraus- und auf die

Waldkreuzung gekommen, wie es geplant war. Outdoor active ist toll! Und meine Muck schaut sehr zufrieden und scheint von mir als Pfadfinderin durchaus beeindruckt. Die Besis haben also einen Plan. Das findet sie eigentlich immer beruhigend. Ich hoffe also, ich gewinne nun ihr Vertrauen zurück, was womöglich durch die Überquerung des Springmoores ein wenig gelitten haben mag.

Jetzt geht es noch etwas weiter hinauf, durch Mischwald, an einem zugewachsenen Steinbruch entlang - der hier wohl doch eher eine alte Sandabbaukuhle ist - und genießen die Idylle.
Dann kommen wir an die nächste Kreuzung aus grünen Waldwegen. Ich stecke schon den Trecki weg, teile Uwe mit, dass wir nun eigentlich nur noch geradeaus reiten müssen, und erwarte keine weiteren Probleme.

Der tolle, gerade und grüne Waldweg kommt auch, und wir reiten geradeaus darauf zu, aber: Auf einmal ist da eine abgeschlossene Holzschranke vor dem Weg! Die kann beim besten Willen nicht da gewesen sein, als ich einmal nach der Arbeit diesen Teil abgelaufen bin, denn das wäre mir doch aufgefallen!

Wir sind etwas ratlos, denn die Schranke reicht richtig von Kante zur Kante des Weges, und außen, direkt daneben befinden sich tiefe Abflussgräben mit steilen Böschungen. Für Fußgänger:innen ist es natürlich weder ein Problem unter der Schranke durchzutauchen, noch sich außen herum zu schlängeln, indem man sich dabei einfach an der Schranke festhält. Aber unsere Pferde sind größer, breiter und können sich auch nicht bei der Umrundung an der Schranke festhalten.

Uwe hat keine Lust, lange zu diskutieren. Er will weiter. Uns plagen auch gerade Wolken aus kleinen Mücken, die hier auf dem Waldweg sehr viel geschützter sind als auf der windigen Anhöhe. Also werden auch die Pferde unwirsch und schlagen genervt um sich. Uwe packt also Wilmas Zügel, brummt: "Ich probier das jetzt!", und zieht Wilma links an der Schranke vorbei. Ich höre noch ein ‚Klong' - vermutlich ein Steigbügel - Wilma rutscht leicht mit einem ihrer Hinterhufe ab, fängt sich, und dann sind sie vorbei.

Also gut. Mir ist gar nicht so gut, aber nun sind die beiden da drüben und ich hier. Trennung ist ein indiskutabler Zustand, wenn man als Herde unterwegs ist. Mit anderen Worten: Wir müssen nun also auch auf die andere Seite, denn Uwe und Wilma werden wohl kaum zurückkommen.
Warum bin ich eigentlich nicht darauf gekommen, schon im Vorfeld den Steigbügel hochzuklappen, damit der sich nicht verfangen kann, so frage ich mich aus heutiger Sicht? Keine Ahnung. Hinterher fragt man sich immer solche Sachen. Doch in dieser Situation möchte ich einfach nur noch hinterher.

Also nehme ich auch Muck fest am Zügel, mahne sie zur Vorsicht und Langsamkeit, gehe vor und hoffe, dass sie alles richtig einschätzt. Doch dann passiert es:
Mein etwas breiteres Pony drückt sich an der doofen Schranke vorbei, wird ungeduldig, weil einfach nur noch durch den Engpass hindurch, stürmt an mir vorüber, ich kann ihr gerade noch nach rechts ausweichen, um nicht von ihr umgerannt zu werden, aber auch nicht in den Graben gestoßen zu werden, als ich begreife, dass mit meinem Pferd auch die Schranke hinter mir herkommt!
Die Querstange hat sich im Steigbügel verfangen, und Muck zieht nun wütend voran, um die loszuwerden.
Ich sehe nur den massiven Holzstamm auf mich zukommen, sehe die großen Augen meines Ponys, rufe sie zur Ruhe - was natürlich gerade nix bringt - und erblicke unter mir den tiefen Graben. Eigentlich sehe ich mich schon mit gebrochenem Arm dort unten liegen, doch wie durch ein Wunder ducke ich mich im richtigen Moment, Muck rennt um mich herum mit der langen Querstange im Schlepptau, macht die richtige Drehung, wird sie dadurch los und kommt schnaubend und empört prustend neben mir zum Stehen. Puh!

Ich bin völlig durch den Wind und begreife so schnell gar nicht wirklich, was passiert ist. Auch Uwe schaut etwas erschrocken zu uns herüber. Ich untersuche sofort mein Pony, aber sie scheint sich nicht verletzt zu haben. Alles sieht gut aus. Dann erst blicke ich um mich, versuche zu verstehen, was passiert ist - und muss unmittelbar lachen!

Muck ist es tatsächlich gelungen, den Pfosten der Schranke aus der Erde zu rupfen, und dadurch konnte sie die eigentlich verriegelte Stange überhaupt nur mit sich ziehen. Nicht auszudenken, was passiert wäre, wenn die Schranke gar nicht nachgegeben hätte! Ich untersuche die Konstruktion und setze dann mit Leichtigkeit den Pfosten wieder in sein Erdloch. So, nix passiert, Schranke ist wieder zu! Wir sind beide ungemein erleichtert. Das war wirklich ein Schock. Doch auch die Steigbügelriemen - die bei einem Westernsattel glücklicherweise sehr massiv gestaltet sind - haben gut gehalten.

Puh! Nun, aber nun wissen wir immerhin, dass wir diesen Weg also auch wieder zurückkönnen. Denn wie das blöde Ding aufgeht, wissen wir ja nun!

Zur allgemeinen Beruhigung wollen wir uns und den Pferden eine Pause gönnen. Hier auf dem Waldweg ist eigentlich unserer Ansicht nach auch genug für die beiden zu rupfen. Doch hier ist kein Wind, und wir werden nun von Insekten geradezu überfallen. Die Pferde sind genervt und unruhig. So führen wir erst einmal ein Stück, denn ich möchte zunächst genau hinschauen, wie Muck nach dieser Aktion läuft. Aber alles ist einwandfrei, sie humpelt nicht und hat sich auch schnell wieder beruhigt, da es nun wieder normal und ,schrankenlos' voran geht.

Wir haben einen langen Waldweg auf dem Bergrücken vor uns, sitzen auf, können eine Weile traben. Herrlich ist es hier! Es ist ein toller Wiesenweg und wunderschön zum Reiten!

Nach einer Weile geht ein gut befestigter Forstweg rechts von uns ab, und hier wird dann wohl hauptsächlich gefahren. Denn der Weg, den wir nun weiter geradeaus folgen, wird nun zusehends nasser und sumpfiger. Hm, aber hindurch müssen wir ja. Und da wir uns auf einer Anhöhe befinden - so glaube ich -

kann es ja nicht allzu schlimm werden. Die Pferde sind vorsichtig, aber es hilft ja nix: Da müssen wir jetzt durch!

Ich kann sehen, dass das schlimmste Stück nicht so groß ist, und treibe Muck hinein. Sie stutzt, versinkt etwas im Boden, bleibt stehen, also wollte sie melden: „Geht nicht! Das ist ne doofe Idee, Hannah!" Ich treibe sie an, und wir sacken wieder ein, schaffen es dann aber endlich, hindurch und in den trockenen Bereich zu gelangen. Wilma folgt. Wir sind saufroh, dass es gut gegangen ist! Uwe schimpft zwar, aber die zwei schaffen es ebenfalls und folgen uns. Nun wird der Wald dichter und dunkler, die Tannen stehen eng, rücken immer näher an den Weg heran ...

Ich genieße den ruhigen Waldweg, als ich plötzlich hinter mir ein kurzes Qieken höre, Uwe brüllt laut „Ey!", dann dumpfes Poltern. Ich sehe aus den Augenwinkeln, dass Wilma kurz steigt! Als sich alles beruhigt und er neben mich reiten kann, erzählt er mir, was war: Etwas im Wald hat aufgeblitzt, Wilma sich voll erschreckt, ist kurz gestiegen, dann Poltern wie eine unterirdische Explosion ... Sie zittert am ganzen Körper, die Arme hat sich doll erschreckt!

Wir rätseln, was das gewesen sein könnte. Haben Jäger:innen auf uns geschossen? Mündungsfeuer und Aufschlag von Munition auf die Erde könnten vielleicht Aufblitzen und dunkles Poltern erklären. Oder war es nur die Reflektion einer metallenen Fläche, vielleicht von einem Gewehr, und das Poltern hat Wilma selbst mit ihren Hufen verursacht?

Also, sogar eine ruhige Socke wie Wilma hat offenbar Dinge, die sie wirklich aus der Ruhe bringen können! Klar, sie ist ja ein lebendiges Wesen. Dennoch kam dieses Erschrecken sehr unerwartet. Sollte es jedoch wirklich so sein, dass da jemand geschossen hat, so haben sie und Uwe diese Situation doch trotz allem bewundernswert gut gemeistert!

Wir sind beunruhigt und aufgemischt. Plötzlich fühlt

man sich in dem lauschigen Wald gar nicht mehr sicher, wenn man das Gefühl hat, dass hier Jäger:innen hinter den Bäumen sitzen und auf uns schießen! Wir reden also nun extra laut, damit unsere Anwesenheit eindeutig wird. Wilma ist dunkelbraun, da könnte man eventuell schon mal glauben, dass sie ein dunkler Hirsch oder gar ein großes Wildschwein ist. Aber andererseits befinden wir uns auf einem regulären Weg, reden hörbar miteinander und tragen reichlich Leuchtmaterial … Ein Jäger, der das nicht erkennt, sollte eigentlich überhaupt kein Gewehr mehr in die Finger bekommen!

Erleichtert kommen wir endlich auf der Kuhstedter Straße heraus - alles perfekt! Der angebliche Anschlussweg in den Wald gegenüber jedoch ist leider zugelegt mit großen, knorzeligen Baumstämmen und Astwerk - rechts und links befinden sich wieder Gräben: da ist kein Durchkommen!

Wir müssen also an der Straße entlang und einen anderen Weg finden. Dort schlagen wir uns schließlich durchs Unterholz. Und das klappt hier zwischen den Buchenbäumen recht gut. Das ist Wanderreiten! Die Pferde stapfen über Äste, Steine, Strauchwerk, um Baumstümpfe herum und müssen dabei sehr aufpassen, wo sie hintreten. Muck zieht voran, ist dann voll da, manchmal fast zu eifrig, aber voll dabei. Das ist ihrs! Wilma schlägt sich ebenfalls wacker, Uwe kann sie nur loben. Also ist das wohl wirklich ein Tinker-Gen, welches die beiden teilen: durch unwegsames Unterholz stapfen. Beide scheinen es zu lieben! Und stolpern tut dabei auch keine von beiden.

Ich sehe auf einmal in einiger Entfernung eine dunkle Gestalt hinter einem Baum stehen: Ein Jäger? Die Gestalt verschwindet, und obwohl ich alles mit meinen Augen absuche, kann ich den Menschen später nicht mehr entdecken. Sehr seltsam. Also kann das vorher durchaus auch ein Jäger gewesen sein. Mir verursacht das ein mulmiges Gefühl. Ich kann nur hoffen, dieser hier schaut besser hin, ehe er schießt!

Klar, ich weiß, eigentlich dürften wir mit unseren Pferden gar nicht einfach so quer durchs Unterholz. Doch andererseits wird das ja auch Wander:innen nicht verboten, die vielleicht Pilze sammeln wollen oder mit ihren Kindern zwischen den Bäumen spielen. Da dürfte man dann auch nicht einfach erst schießen und dann nachschauen, was das eigentlich war, worauf man da geschossen hat ...

Wir erreichen einen Waldweg, der nun im lichten Buchenwald parallel zur Straße Richtung Hellingst führt. Überall liegen golden-braune Blätter. Es ist echt schön hier! Diese Wege allein machen solch einen Ritt wirklich lohnend.
Mithilfe des Treckis fädeln wir uns nun auch richtig bei der nächsten Abzweigung ein und landen schlussendlich über einen weiteren Feldweg hinaus aus dem Wald und auf den geschotterten, dann asphaltierten Sträßchen Richtung Hellingst ‚Auf der Els‘. Jetzt geht es nur noch geradeaus!

Die Straße wird uns lang. Muck lässt den Kopf hängen, sie hat keine Lust mehr. Ich merke aber auch, dass wir alle vier erschöpft sind. Wir wollen nur noch ankommen. Dann liegt auch schon Hellingst vor uns, mit seinen Höfen und kleineren Häuschen. Es ist ein kleines Dorf, und nur zwei, drei Abzweigungen weiter sind wir dann auch schon da.

Das Gelände, auf dem bereits ein fremder und unser Wohnwagen steht, wird gerade bevölkert von Kindern, Hühnern und ... Eseln. So bleiben wir erst einmal auf unserer Seite des Tores stehen und müssen die Inhaberin des Hofes in ihrem großen Haus suchen, damit sie uns helfen kann.

Nun müssen erst einmal die Esel in den Stall getrieben und eingesperrt werden, damit wir unsere beiden Ponys absatteln, abwaschen und hinüber zu ihrer Weide führen können. Die beiden sind unruhig, schnüffeln an den Esel-Hinterlassenschaften, finden den Weideunterstand „spooky".

Frühstück zwischen Wohnwagen und Pferdedomizil

Füttern auf fremdem Gelände. Auch das ist erst einmal
aufregend und ungewohnt für die beiden.

Beide zeigen sich sehr unruhig. Es ist viel Fremdes hier. Ich bemerke, dass nur noch wenig Gras auf der Weide ist. Sollten wir also besser noch etwas Heu für die beiden holen? Ich überlege, die Brennnesselfelder zu sensen, so hätten sie am Folgetag auch noch mehr zu futtern. Schwärme von Gnitzen überfallen uns hier. Es sind ganz schön viele Insekten hier!

Wir müssen morgen auch dringend die Decken nachholen, haben nicht mal genug Insektenspray dabei.

Am Ende des Tages bin ich auf einmal total erschöpft. Das müssen die Nachwehen meiner Arbeit sein. In der letzten Woche war einfach zu viel los, und nach wie vor arbeite ich nun für zwei, nachdem meine Kollegin ausgeschieden und noch keine neue gefunden worden ist. Dadurch sind die Tage lang und die Verantwortung wiegt auch nicht eben leicht, wenn man sich nicht mit jemandem rücksprechen kann. So muss Uwe alles alleine machen an diesem ersten Abend. Er füttert die beiden Ladys und macht uns Suppe warm.

Es ist warm für Mai, und wir können draußen sitzen und den beiden zuschauen. Unsere Pferde sind bis in den späten Abend unruhig, erschrecken sich vor den Ziegen, die sich ineiniger Entfernung - auf einer anderen Weide - befinden, beschnüffeln argwöhnisch die Esel, die immer wieder gegen den schon morschen, niedrigen Zaun drücken, weil sie eigentlich in ‚ihre' Weide wollen, da wo nun unsere Mädels sind.
Wir haben unsere liebe Not, die Situation etwas sicherer zu machen und sperren ein Stück davor mit einer Litze ab, damit das Geschiebe gegen die zarte Holzpforte ein Ende hat.

Urlaubstag ohne Pferde

Sonntag 28. 5. -Monsilienburg,
Eisessen und Sensen

Der nächste Tag ist ein Sonntag und beginnt gemütlich.
Ich schlafe lange, und wir genießen unser Frühstück vor
dem Wohnwagen. Die beiden sehen zufrieden aus. Sie
rücken jetzt näher. Aber es wirkt, als hätten sie sich
nun doch ganz gut eingerichtet auf ihrer kleinen
Eselweide.

Dann brechen wir auf, um alles nachzuholen, was fehlt:
den Twingo, Insektenspray, Insektendecken und
Hauben für die Pferde. Nachdem sie eingekleidet,
eingesprüht und mit Heu versorgt sind, ruhen wir uns in
der Sonne aus. Ein schönes Plätzchen ist das hier!
Man schaut von hier aus weit über die Felder, und wir
haben unsere Ecke ganz für uns. Mit den Eseln haben
wir uns mittlerweile auch angefreundet. Mir kommt es
sogar so vor, als ob Wilma schon Esel kennt, denn sie
streckt ihnen recht unerschrocken die Nase entgegen.

Heute gönnen wir uns erst einmal einen Ausflug ohne
die beiden Ladys. Ich möchte Uwe die Monsilienburg
zeigen, von der noch beeindruckende Wallanlagen
sichtbar sind. Ich kenne sie von meinen letzten
Projektfilmen mit den Kids, wo wir den
'verschwundenen Dingen' in Hambergen nachspürten.
Der Tag ist fast zu heiß dafür, doch unter den Bäumen
lässt es sich dann gut aushalten. Witzigerweise treffe
ich dort einen Jungen aus meiner Projektgruppe, der
auch ausgerechnet heute seinem Vater diese Burg
zeigt. Ein netter Zufall!

Es ist kaum vorstellbar, dass dies hier einmal die größte
Burg in Norddeutschland gewesen ist, die der Bremer

Erzbischof hat bauen lassen. Die freien Stedinger Bauern haben die Burg jedoch irgendwann eingenommen und schlussendlich zerstört. Da die Burgen hier einst aus Holz bestanden (denn Steine sind in dieser Gegend Mangelware), ist von den Gebäuden selbst nichts übrig geblieben. Doch die Wallanlagen sind noch immer sehr beeindruckend! Leider haben die Stedinger dennoch nicht gewonnen in der Fehde zwischen der Kirche - die Abgaben erzwingen wollte - und dem Freigeist der Bäuer:innen. Viel zu wenig gibt es über diese wichtige Geschichte zu lesen! Aber wie immer geht es um Geld, um Neid und Missgunst ... und natürlich um die Macht ...
Anschließend gehen wir in Beverstedt noch ein Eis essen.

Abends fahre ich allein noch einmal zurück nach Hause, um das Gemüse zu gießen. Vier Tage lang können die Pflanzen unmöglich alleine durchhalten, dafür ist es einfach zu heiß. Kurz noch nach den Kätzchen schauen, die qietschvergnügt durchs Stroh toben, dann fahre ich auch schon wieder los.
Als ich zurückkehre, schnacken wir längere Zeit mit der Besitzerin des Wohnhauses. Sie hat es schwer, da ihr Projekt der Animal Farm ja leider durch Corona beendet worden ist. Nun hat sie allein diesen riesigen Hof, einige Tiere, aber keine Einkünfte mehr. Sie zeigt uns leere Seminarräume und einen tollen, großen Dielenflur mit Kamin und langem Tisch. Hochzeiten könnte man hier feiern! Und würde ich noch Trommeln unterrichten, so hätte man hier auch ein tolles Trommelcamp abhalten können. Aber leider verhindern Vorschriften und Umwidmungen eine neue oder andere Nutzung. Sie hat ihre Ferienwohnungen zu Dauerwohnungen umgebaut, doch es gibt ständig neue Auflagen. Ihre Söhne wohnen weit entfernt. Sie meint, würde der eine nicht immerhin an vielen Wochenenden herkommen, um zu helfen, so würde sie wohl all das hier verkaufen müssen. Alleine schafft sie es einfach nicht mehr.
Dann fragt sie uns, ob wir wüssten, wie wir man eine Sense benutzt? Ich sehe mir ihre Sense gerne an, die völlig schlecht eingestellt ist. Doch sie ist durchaus brauchbar, und natürlich sense ich gerne ein Stück der

Brennnesseln ab, bis mir die Puste ausgeht. Unsere Pferde werden sicher morgen gleich alles wegmümmeln, wenn die brennenden Haare der Blätter erst ihre Kraft verloren haben. Muck liebt Brennnesseln!

Ausritt vor Ort

29.5. Pfingstmontag - Bauschuttklettern und eine unheimliche Eisenbrücke über sumpfigem Wasserlauf

Auch am nächsten Tag schlafe ich sehr lange aus und merke daran, wie erschöpft ich noch immer sein muss. Erstmalig habe ich mit meinem Handy auf Outdoor-Active eine Rundtour herausgesucht, und wir begeben uns nun mit dieser Orientierungsmöglichkeit also in unbekanntes Gebiet. Das ist ja richtig abenteuerlich! Wunderbar!

Um die Mittagszeit brechen wir endlich auf. Kaum aus dem Dorf erwarten uns schöne Waldwege im Forstholz Richtung Wellen. Deshalb lohnt es sich schon, herzukommen! Es ist einfach toll hier. Wir können traben und freuen uns über den Wald. Dann allerdings verwandelt sich der schöne, weiche Waldweg in eine schwierige Piste. Er wurde offenbar ab der Hälfte mit Bauschutt ausgebessert, den man zunächst einfach nur hier hingeschüttet hat, ohne ihn festzufahren. So balancieren wir nun über dicke Steinbrocken, Ziegel und Betonplatten. Das ist wirklich doof für die Pferde! Und es kann schnell gefährlich werden, wenn man nicht sorgsam ist …
Danach wechseln wir über die Straße, können auf der anderen Seite ein schönes langes Stück traben, bis wir zum Waldrand und dem Dorf Wellen gelangen. Hier machen wir eine Pause an einer Wiese, wo riesige Baumstämme in großen Stapeln lagern.
Und dann gehts wieder kurz vor dem Dorf zurück auf die andere Straßenseite in den Wald Richtung Hellingst. Der Hauptweg führt uns nun auf eine Senke und eine improvisierte, schmale Fußgängerbrücke aus Metall zu,

die man offenbar für Fußgänger:innen über den
Wasserlauf gestellt hat.

Irgendwie sieht das, was da vor uns liegt,
besorgniserregend aus, zumindest für die Einschätzung
meines Ponys: Denn Muck macht große Kulleraugen,
starrt nach vorne und läuft nun unter Vollspannung,
gleichzeitig mit angezogener Handbremse darauf zu.
Huch!? Nirgendwo ist die Brücke verzeichnet, und auch
der - wenn auch kleine - Wasserlauf ist ebenso nicht.
Doch er verwandelt den Boden um sich herum in eine
großflächige Sumpf- und Matschfläche. Ob hier wohl ein
Kanal kaputtgegangen ist? Bruchstücke von gebogenen
Betonrohrstücken liegen überall herum. Die Brücke
selbst ist viel zu zart und auch zu eng, als dass sie
unsere Pferde tragen könnte. Wir müssen also neben
der Brücke hinüberwechseln und führen.
Der Bach führt kaum Wasser, aber es sind große Steine
da, und die Böschungen nicht ganz ohne.
Uwe geht mit Wilma vor, kein Problem. Muck jedoch will
nicht. Ich habe das Gefühl, ihr Vertrauen zu mir und
Wilma als Vorbild haben einen Knacks bekommen durch
die Schranken-Aktion! Es kostet mich doch einiges an
Mühe, sie hinüber zu kriegen. Muck ist sehr aufgeregt!
Ich schaffe es dennoch, wieder aufzusteigen.
Ab da habe ich ein Vollblut unter mir. Muck ist auf der
Flucht!
Der Trab, den ich danach vorschlage und den der
weiche Waldweg zurück auch möglich macht,
verschlimmert es eher. Sie will wohl nur noch weg von
hier! Wilma trapst begeistert neben uns, setzt zum
Überholen an, will schneller. Muck wird dadurch
zusätzlich befeuert und fühlt sich offenbar gestresst. Ich
kann sie kaum halten.
So müssen wir in den Schritt runterregeln, - was nach
einer längeren Bremsstrecke auch endlich gelingt -,
denn die Jagerei wird einfach unkontrollierbar, und die
beiden sind mir viel zu kopflos!

 Als wir auch schon wieder auf dem Weg zurück ins Dorf
Hellingst landen, ist bereits wieder alles gut und hat
sich beruhigt. Alles in allem ein schöner Ausflug! Wir
kehren zurück, erschöpft, aber glücklich.

Angekommen genießen wir unseren letzten Abend an diesem schönen Plätzchen, sitzen noch lange draußen und werden belohnt von einem wunderschönen Sonnenuntergang. Wir sind uns einig: Hier würden wir glatt noch ein zweites Mal herreiten!

Links Ziegen, vorne Esel und hinten nun auch noch Kühe!

Unser letzter Abend belohnt uns mit einem
wunderschönen Sonnenuntergang

Rückritt

Dienstag 30.Mai 2023 - Neuer Weg, überraschende
Begegnung, Wilma will nach Hause, Schlüssel vergessen
und ein trauriges Ende

Nun heißt es leider schon wieder zusammenpacken,
alles abbrechen, den Wohnwagen abkoppeln und zurück
nach Hause! Wir haben überhaupt keine Lust dazu!
Sind wir erst einmal mit den Pferden woanders, so
wollen wir meistens gar nicht mehr so gern zurück. Das
Vagabundenleben, sich mal nur auf die Pferde und die
nötigsten Dinge im Wohnwagen zu beschränken,
empfinden wir eigentlich immer als erholsam.

Dafür jedoch geht das Zurückbringen des Wohnwagens
schnell, denn zu Hause lassen wir ihn einfach mit Uwes
Auto stehen und sparen es uns, ihn auch noch
abzukoppeln und aufzubocken. Das können wir ja auch
immer noch machen, wenn wir mit den Pferden
angekommen sind.

Dann brechen wir auf. Durch die lange Einfahrt gehts
durch die Dorfstraßen, und dort liegt netterweise ein
großer Findling, der uns als Aufstiegshilfe dient.
Muck und Wilma sind aufgeregt. Sie scheinen zu
wissen, dass es zurückgeht.

Um den beiden Sumpferlebnissen zu entkommen, die
wir auf dem Herweg hatten, haben wir zwei
Änderungen an dem Verlauf unseres Rückweges
unternommen. So geht es zunächst von Hellingst aus in
den Wald und dort parallel zur Kuhstedter Straße - auf
einem langen und geraden Waldweg. Himmlisch ist es
hier! Es ist still, der Weg mit grünem Gras bedeckt, und
der Mischwald um uns her wirkt naturbelassen und

idyllisch. Wir versuchen einen Trab, aber die beiden machen gleich schon wieder ein Rennen draus. Ob das nochmal anders wird? Konkurrenz belebt - hier stimmt das. Aber Muck zieht derart weg, dass ich das Gefühl habe, sie nimmt mir das Heft aus der Hand. So will ich das nicht haben, also: wieder Schritt.

Der neue 'Umweg' führt uns nun über die Kuhstedter Straße hinweg auf einen befestigten Schotterweg. Das ist wirklich ärgerlich ... machbar, aber ärgerlich. Der Weg ist unschön, die Pferde stapfen lustlos voran. Schotterwege machen uns einfach mürbe - ebenso wie Straßen ...

Endlich kommen wir auf dem Mittelweg Höhe Seemoor heraus - juhu, das Umrunden der ersten sumpfigen Stelle hat damit geklappt, und damit auch der Stelle, an der Uwe sein unheimliches Erlebnis hatte, und wo Wilma gestiegen ist!

Wir können wieder traben, und nun ist auch mehr Ruhe in unserer Viererherde. Der Trab ist gut. In einiger Entfernung sehe ich die böse Wegschranke auf uns zukommen und spüre, wie die Spannung im Körper meines Ponys wächst. Wir halten an. Ich möchte gern das doofe Schrankenerlebnis überschreiben, darum steige ich ab, öffne sie, indem ich einfach den lockersitzenden Pfosten herausziehe, lasse uns alle hindurch und stecke ihn wieder in sein Loch. So, Schranke wieder zu! Sicher fragt sich mein Pony: ‚Wieso haben wir das, bitte, nicht auf dem Hinweg genauso gemacht??' Muck stupst gegen das blöde Ding und reibt ihren Kopf daran. Es fühlt sich an, als wolle sie der bösen Schranke nochmal einen Denkzettel verpassen!

Der Weg den Berg hinab ist traumhaft. So muss Wanderreiten sein!! Es ist einfach nur schön und toll, ein verwunschener, weicher Wanderweg, vorbei an verschiedenen, kleineren Sandkuhlen, die nun zu Naturoasen verwildern. Zurück kommt einem dieselbe Wegstrecke immer sehr viel kürzer vor, denn schon sind wir an der

Waldkreuzung angekommen, von der aus wir in den zugewachsenen, verkrauteten Waldweg müssen, um zu der Wiese oberhalb des Springmoores herauszukommen.

Und richtig, wir kommen genau da heraus, wo wir hinwollten: Vor uns breitet sich die weite Wiese aus, dahinter das beige-rötliche Schimmern des wilden Springmoores. Ein wirklich geradezu magischer Ort! Ein riesiger Findling markiert den Ausgang der Wiese Richtung Sandweg, und ich frage mich natürlich, ob der nicht eigentlich mal zu einem alten Steingrab gehört hat, welches hier oben einst stand. Denn alles deutet darauf hin, dass diese Anhöhe etwas ganz Besonderes hat, und solche Orte wurden immer gern für die Errichtung solcher Bauten genutzt. Von hier aus kann man weit schauen - bis zur Erhebung von Wallhöfen und seinem Fernsehturm.
Die Sonne taucht die gesamte Landschaft zusätzlich in ein goldenes Licht und lässt vor allem die Heide des Springmoores vor uns geradezu leuchten. Ein wirklich wunderschöner Platz! Hier am Waldrand machen wir die erste Pause.

Wilma ist irgendwie raschelig, macht nicht so gut mit. Das Heidegras aber scheint auch ihr gut zu schmecken. Die beiden futtern ordentlich. Uwe ist mit der Pause nicht ganz einverstanden. Er bräuchte sie wohl nicht. Man hat ja auch den Eindruck, noch gar nicht so viel Strecke gemacht zu haben, aber: Tatsächlich sind wir schon wieder über eine knappe Stunde unterwegs, und wir haben schon das erste Drittel des Weges absolviert.

Weiter geht es dann bergab auf einem breiten, tollen Sandweg. Wir traben und kommen - wie gewünscht - bei Paddewisch raus. Der Sandweg mündet nun in altes Kopfsteinpflaster. Eigentlich mag ich es, wenn noch alter und vor allem natürlicher Straßenbelag zu sehen ist. Dennoch ist es schwer für die Pferde, darauf zu laufen. Die runden Steine bringen sie zum sorgsamen Balancieren und hier ist nur Schritt möglich.

Als die ersten Häuser und Vorgärten auftauchen, suchen

wir nach einem Querweg, der durch ein Wäldchen Richtung Bundesstraße führt, biegen gerade ein - ich grüße einen großen, hageren Mann, der im Garten an seinen Bohnen hantiert - und begreife dann, als er hoch schaut ... es ist mein alter Chef!
Nur 2 Jahre lang hatte ich in dem Bremer Bürgerhaus gearbeitet, doch die Zeit war durchaus prägend und hat mich auch das erste Mal sehr intensiv mit Jugendarbeit in Berührung kommen lassen. Er und seine Freundin haben sich hier also ein Häuschen gekauft!

Mit unseren Helmen auf dem Kopf und auf Zebrapferden sitzend, erkennt er uns zunächst nicht. Doch dann schnacken wir. Erst sind die Pferde unruhig, zappeln herum, dann kommen sie langsam runter. Während wir reden, zeigen die beiden jedoch auch immer wieder durch Hin- und Hertreten, dass sie gern weiter wollen. Die beiden haben anscheinend Zielwasser getrunken, sie scheinen das Zuhause schon zu riechen!

So verabschieden wir uns endlich und biegen in den parallel zur Landstraße verlaufenden Feldweg ein, der uns in einen Tannenwaldabschnitt bringt. Damit haben wir nun das Springmoor ganz umrundet und kommen da heraus, wo wir ursprünglich die Anhöhe hinaufgetrabt waren, sozusagen einen Weg früher. Nun geht es wieder an der stark befahrenen Landstraße entlang auf dem Fahrradweg mit der rissigen Asphaltdecke. Wir kichern über das Schild: ‚Radfahrer bitte absteigen'. Hihi. Von uns steht da ja nix, also können wir sitzen bleiben.

Dann können wir endlich über die Straße zurückwechseln und in den schönen Wiesenweg einbiegen. Traumhaft! Sobald es geht, wird getrabt, bis in den Wald hinein. Ich hatte auf dem Hinweg einen tollen Waldweg mit vielen Stangen, also kleinen, umgefallenen Bäumen gesehen. Den nehmen wir jetzt einfach. Das macht Spaß! Das ist Wanderreiten! Unsere Ponys haben richtig Lust mitzumachen, und stiefeln gut gelaunt über die Hindernisse.

Durch die Heide
beim Springmoor

Der doofen Schranke
wird nochmal ein
Nasenstüber
verpasst!

Kleine
Hindernisse
nehmen
unsere
Ladys
begeistert
mit!

Am Waldrand gibt es Höhe Achterndahl die nächste Pause, noch bevor es über die Bundesstraße Richtung Vollersode geht. Uwe ist von Wilma genervt, sie zieht viel, hört nicht mehr gut zu, will ihm das Heft aus der Hand nehmen. Es ist anstrengend für ihn. Muck zeigt sich dagegen wieder einmal als lebende Kompassnadel. Denn sie möchte gern den direkten Weg übers Feld nehmen. Das ist zwar die richtige Richtung, aber so direkt ist der Streckenverlauf von Weg und Straße natürlich nicht. Sie genau weiß, wo es Richtung heimischen Stall geht!

Durch Vollersode hindurch gehts über Asphalt und Schotter. Ich folge der spontanen Idee, vor der Kreuzung über die abgemähte Wiese abzukürzen. Leider verreiten wir uns dabei. Wir müssen sogar 2x umdrehen, da es durch einen Graben im hinteren Teil der Wiese keinen Ausstieg gibt. Uwe ist danach ziemlich bedient. Irgendwie möchte auch er nun endlich auf dem direkten Weg nach Hause.

Bis zur ersten Brücke über den Giehler Bach bleiben wir an der Straße - zum Glück gerade nicht mit so viel Verkehr. Hinter der Brücke gehts dann aber wieder auf eine Wiese. Ich lasse Uwe vor. Traben traue ich mich hier nicht. Selbstbewusst reiten die beiden vor. Ein schönes Paar!

Der lange Weg an der Straße entlang macht uns wieder mürbe. Erstaunlicherweise bleibt meine Muck frisch - nicht so wie auf den letzten Wanderritten am Ende! Die Hufschuhe scheinen wirklich viel zu verändern, schützen ihre Füße gut. Ich muss dennoch absteigen und laufen: Fuß, Knie, Rücken, alles schmerzt mittlerweile. Durchs Laufen wird es dann immer schnell besser. Nur Muck macht dann leider immer gern Nordic Walking mit mir und zieht voran, viel schneller, als ich eigentlich laufen möchte. Jaaa, nach Hause!

Uwe versucht einen Galopp über eine der Wiesen, will mit Wilma rechts eine Kurve reiten, das bringt Wilma zum Stolpern - offenbar hatte sie nicht damit gerechnet, eine Richtungsanweisung zu bekommen.

Oder kennt sie vielleicht nur Galopp geradeaus?

Ab der zweiten Brücke, die hier über die Hamme führt, traben wir. Es ist ein schöner, lockerer Trab, sodass ich beinahe das Gefühl bekomme, zu 'fliegen'. Ich liebe dieses Gefühl! Ich steige jedoch wieder für die letzten Meter ab, bin durch mit den Knochen, aber echt glücklich. Was für ein schöner Rückritt!!

Als wir die beiden auf den Hof führen, kugeln und hopsen uns die kleinen Katzen entgegen, die im Stroh geschlafen hatten. Ich habe noch die Sorge, dass unsere Pferde sie treten könnten, und stupse die ein, zwei auf uns zulaufenden Kätzchen mit dem Fuß zurück, um den Weg für Muck frei zu haben.

Angekommen im Unterstand versorgen wir die Pferde, waschen sie ab, entlassen sie auf den Paddock, machen Wasser und geben ihnen Heu. Wir wollen zügig zurück, und ich durchsuche meine Hosen- und Jackentaschen nach dem Autoschlüssel. Dann der Schreck: Mist, ich habe ihn offenbar nicht eingesteckt! Wir kommen also nicht zurück.

Genervt setzen wir uns erst einmal, sprechen eine mögliche Alternative durch. Doch es hilft alles nichts. Wir müssen ein Taxi rufen. Wir sind beide erschöpft, und das dämpft unsere Ankommensfreude. Na ja. So etwas kann natürlich mal passieren. Aber der Spaß kostet uns unnötigerweise nun ganze 45 Euro. Ärgerlich.

Der Taxifahrer ist sehr redselig, philosophiert darüber, wie schön grün es bei uns sei, und dass ihm das alles aber einfach sehr zu grün wäre. Wo hier die Landschaft, die Abwechslung sei, die Wälder? Zumindest rund um unseren Wohnort gebe ich ihm vollkommen recht. Mehr Wald wäre in jedem Falle schöner.

Als wir mit allem zurückkommen füttere ich erst einmal die Katzen. Die Kleinen waren uns ja noch soeben quietschvergnügt und neugierig entgegengesprungen. Doch als ich ins Stroh schaue, liegt da eines in einer seltsamen Haltung und zuckt mit der Hinterpfote. Ich bitte Uwe, der sich gerade in seiner Nähe befindet, nach ihm zu schauen. Dem Kleinen gehts nicht gut. Wir begreifen nicht, was passiert sein soll in dieser kurzen Zeit, in der wir gerade erst hier sind. Doch uns wird ziemlich schnell klar: Es liegt im Sterben.

Uwe bemüht sich lange um das Kätzchen, massiert es, versucht rauszufinden, was ihm fehlt. Das raubt ihm den Rest seiner Energie. Er kann nicht mehr.

Ich verstehe das, bitte ihn, sich auszuruhen. Das ist schwer, mit einem sterbenden Kätzchen neben sich. Es drückt unsere Stimmung. Wir sind ratlos und traurig. Und ... Wie bringe ich das meiner Schwester bei? Denn es ist eines der beiden orangen Babykatzen, die sie beide übernehmen wollte.

Ich übernehme das Ausräumen des Wagens, bin selber auch langsam echt geschafft. Gut, dass wir noch einmal den Rest Erbsensuppe essen wollen, den wir noch im Wohnwagen haben. Der Topf kommt ins Haus auf den Herd, noch ein paar Würstchen dazu und gut. Zwischendurch schauen wir immer wieder nach der kleinen Katze, aber sie atmet kaum noch.
Wir können nur spekulieren, was passiert ist. Vielleicht ist ausgerechnet dieses eine dann doch unter oder gegen einen der Hufe unserer Pferde gekommen. Das wäre der nachvollziehbarste Grund, wieso das passiert ist. Es macht uns wirklich traurig, doch machen können wir auch nichts mehr. Es scheint eine schwerwiegende, innere Verletzung zu haben.

Am Ende des Tages schaffe ich es noch zu duschen, und wir löffeln unsere Erbsensuppe, landen danach wie gewohnt auf dem Sofa. Das war eine tolle Tour! Wir sind beide kaputt, aber mit dem Rückritt superzufrieden! Ich schlafe ziemlich schnell ein.

Am nächsten Morgen ist das Kätzchen verstorben und wir können es nur noch begraben.

Hallo großer Wanderritt:

Wir sind so weit!

Planung für die Wingst

Wie lange war dieser Wanderritt schon geplant!

Noch in 2020, als wir glücklich mit Muck und Pelle von unserem langen Wanderritt aus der Lüneburger Heide zurückgekehrt waren, hatte ich sofort mit der Planung begonnen.

Über eine Kleinanzeige fanden wir schnell die ersten Stationen. Und auch einige der Strecken und Verbindungen hatten wir bereits gemeinsam, oder ich auch mal alleine abgefahren.

Doch dann wurde schnell klar, dass es mit Pelle nichts werden würde. So musste alles aufs nächste Jahr verschoben werden. Wir trainierten und übten mit Pelle - beinahe täglich! Doch die kleinen Erfolge, die wir erzielten, wurden immer wieder von großen Rückschritten oder auch unschönen Ereignissen durchbrochen, welche es uns immer unvorstellbarer machten, mit ihm auf solch eine große Tour zu gehen. Es war einfach viel zu gefährlich mit ihm, zu angespannt, zu sehr mit Sorgen und Ängsten besetzt. Es ging nicht.

Ich schrieb also allen Gaststationen und fragte vorsichtig nach, ob wir im kommenden Jahr zum wiederholten Male nachfragen dürften. Alle hatten Verständnis und sagten uns zu. So war es eine große Erleichterung, dass immerhin unsere aufwendige Planung damit nicht hinfällig wurde. Doch andererseits war es mit Pelle auch für das kommende Jahr unvorstellbar, dass er sich wieder 'einkriegen' würde. Seine Panikattacken wurden schlimmer, kamen plötzlicher und unerwarteter. Und jeder Traktor, jedes größere Fahrzeug wurden für uns zu einem persönlichen Waterloo. Es ging irgendwann nicht mehr. Und so erfolgte in dann 2022 der Pferdewechsel und Wilma kam zu uns ...

Sind wir zu alt für diesen Scheiß?

Manchmal denke ich, das ist eigentlich nix mehr für mich. Muck hat zugenommen, ich habe zugenommen, ich werde behäbiger, und meine derzeitige Arbeitssituation erschöpft und laugt mich aus. Wenn ich nach Hause komme, ist im Grunde keine Kraft mehr übrig ...

Was mir früher nie über die Lippen gekommen ist und was ich auch nie bei anderen verstanden habe, fährt mir nun immer öfter durch den Kopf: Mir wird das alles zu viel. Alles ist anstrengend, alles ist problematisch. Immer wieder ist Mucks Rücken ein Thema, dann sind es die Hufe, dann hat sie Sommerekzem, dann Hautprobleme. Der Tierarzt wird ein häufiger Gast, die Kosten sind unglaublich geworden. Wir reiten kaum noch. Dazu kommt außerdem, dass das Klima in diesem Sommer einfach unerträglich geworden ist - knalleheiß, geradezu tropisch. Die Tiere leiden darunter ... und wir auch.

Es scheint eine Zumutung, bei dieser Hitze reiten zu wollen. Und abends komme ich zu spät wieder, denn das ist manchmal 21.00 Uhr und später. Dann rafft man sich auch nicht mehr auf, um etwas mit den Pferden zu machen.

So werden unsere Ponys immer mehr zu 'Luxuspferden', werden gehegt und gepflegt, aber viel zu wenig bewegt. Sie sind einfach nicht mehr so in den Alltag integriert, wie das einmal mit Muck und Annie der Fall gewesen war und auch immer gut gepasst hatte. Ich bin unglücklich mit der Situation, aber ich kann sie im Moment irgendwie nicht alleine ändern.

Wir reden immer wieder darüber. Und ich denke manchmal sogar diesen unglaublichen Gedanken: dass es evtl. eine Erleichterung wäre, die Pferde irgendwo einzustellen, so wie früher: wo sie von anderen verlässlich versorgt werden, und wo uns eine Halle zur Verfügung steht, in der man reiten kann, wenn man gerade selber Zeit hat - unabhängig von Wind, Wetter, Tageslicht und Temperaturen. Geländereiten kann dann eben nur noch am Wochenende erfolgen, dann, wenn mal mehr Zeit ist.

Meine Kollegin auf der Arbeit ist immer weniger da, immer weniger belastbar. Sie macht nur noch das Nötigste. Und im Januar 2023 muss sie aufgrund von Krankheit dann ganz ausscheiden.

So bleibt die Arbeit der Jugendpflege auf vielen Ebenen ganz auf meinen Schultern, und es ist keine Entlastung in Sicht. Ich habe einen tollen Bundesfreiwilligendienstler, doch der will auch beschäftigt werden, und zwar täglich. Ich muss also immer für eine Person mitdenken, kann selten einfach nur konzentriert meine Arbeit machen, die mitunter auch das Alleinsein fordert. Es ist total schwierig und aufreibend für mich. Und wieder: keine Zeit, keine Kraft für unsere Pferde.

Das Jahr 2023

hat es ganz schön in sich

Tropenhitze, Regenmassen, plötzliche Wetterumschwünge

2023 ist wettertechnisch betrachtet wirklich ein heftiges Jahr. Menschen und Tiere leiden unter dem unerträglichen Wetter.
Anfangs regnet es fast nonstop. Die Moorböden weichen auf, werden zu wahren Schlammlöchern. Nur unser Paddock - den wir mal mit Rotbruch (geschredderte Ziegelsteine), Platten und Sand gesichert hatten - hält sich noch einigermaßen wacker.

Reiten ist nur noch auf der Straße möglich, denn alle Wiesen und weichen Wege sind nun zu Sumpf geworden. Das erschwert es sehr, die Pferde überhaupt zu bewegen. Zudem ist es tropisch drückend, man fühlt sich oft schlapp, erschöpft, antriebslos. Muck, mein Sensibelchen, leidet besonders.
Die tropische Hitze und extreme Feuchtigkeit der Luft verursachen ihr Hautprobleme: Erst sind es Bakterien, die sich in großen Flächen unter ihrem Fell breitmachen, dann setzt sich auch noch eine Pilzinfektion oben drauf.
Sie bekommt Antibiotika und Spritzen gegen die Pilze, was das Problem immerhin abmildert. Doch der Befall verschwindet nicht ganz. Nun doktern wir nur noch an ihr herum mit verschiedenen Salben vom Arzt und mit weiteren, die wir als Tipp von anderen Pferdeleuten

erhalten. Muck geht es nicht gut. Und da das Wetter sich nicht ändert, verschwindet leider auch ihr Hautproblem nicht. Ich frage mich, was ihr fehlen oder was sie jetzt unterstützen könnte, und versuche, mit entsprechenden Zusatzfutter zu helfen.

Der Vorfall

Wir haben Juni. Ein plötzlicher Temperaturabfall und Wetterumschwung bescheren uns zunächst einen stürmischen, und dann zwei sehr kalte Tage. Als ich Muck am darauffolgenden Tag von der Weide holen möchte, will sie zunächst nicht kommen. Sie steht wie angewurzelt zwischen den Büschen, mit dem Hintern zum Sturm - wie Pferde das eben so tun bei viel Wind. Als sie sich endlich löst, wackelt sie jedoch ganz seltsam auf mich zu.

Ich wundere mich über ihren Bewegungsablauf. Denke dann aber, dass sie vielleicht etwas steif geworden ist. Als ich sie führe, folgt sie nur zögerlich. Eigentlich sagt sie mir schon: ‚Hannah, ich fühl mich nicht gut. Da stimmt irgendwas nicht.'
Aber Menschen hören nicht immer gut zu.

Wir machen unsere Pferde fertig und führen sie die ersten Meter zum Warmwerden. Sie läuft irgendwie komisch und klemmig. Als ich am Bushäuschen aufsitze und sie brav - lieb und kooperativ wie Muck eben ist - ein paar Schritte mit mir geht, halte ich sofort an. Das fühlt sich nicht richtig an! Irgendetwas im hinteren Teil ihres Rückens stimmt nicht, das merke ich sofort. Erschrocken sitze ich wieder ab und führe zurück.

Als ich Muck abgesattelt habe, möchte ich sie noch einmal selbst beim Laufen anschauen, und führe sie in den Roundpen. Ich möchte mit ihr über die Stangen. Nach einigem Zögern setzt sie die Vorderhufe über die erste Stange, und dann bleibt sie stehen und schaut mich bedrückt an. Sie kommt schlicht nicht rüber, zeigt mir deutlich, dass es mit ihren Hinterbeinen nicht geht.

Ich kenne meine Muck wirklich gut. Und wenn sie etwas wirklich liebt, dann ist es das Stiefeln über Stangen! Doch wenn sie mir hier zeigt, dass sie das nicht kann, dann liegt ein ernstes Problem vor.
Tief besorgt rufe ich den Tierarzt. Zunächst gibt er Schmerzmittel, dann Cortison, um gegen die mögliche Entzündung vorzugehen. Danach empfiehlt er zunächst Ruhe und schließlich vorsichtige Schrittarbeit. Danach solle sich eine Osteopathin Muck anschauen. Ich bin völlig fassungslos.
Wie kann es passieren, dass Muck sich auf der Weide etwas derart Ernstes zuzieht? Ich bin untröstlich und habe nun nicht nur ein an der Haut geplagtes, sondern zusätzlich auch noch lahmes Pferd.

Als die Osteopathin kommt, zeigt sich, dass es in jedem Falle langwierig wird. Muck läuft zwar irgendwie, aber Biegungen und Kurven kriegt sie überhaupt nicht hin. Die Osteopathin fasst sie nur vorsichtig an, sieht, dass da ein Problem in der Hüfte vorliegt und empfiehlt uns, sie nur im Schritt, und nur geradeaus zu bewegen. Also Straßenlaufen. Also tun wir das ab sofort.

Ich bin unglücklich. In diesem Jahr haben wir doch erstmalig mit Muck und Wilma wieder ein funktionierendes Team! Die zwei haben zusammengefunden, und wir waren gerade erst an Pfingsten mit ihnen erfolgreich bis nach Hellingst geritten.
Doch nun steht es in den Sternen, ob unsere seit immerhin zwei Jahren geplante und zweimal verschobene Tour auch wirklich stattfinden kann. Denn Muck kann nicht gut laufen. Man kann nicht in dieses Pferd hineinschauen, und so bleibt es beim Spekulieren. Doch bim zweiten Besuch meint die Osteopathin, dass sie sich vermutlich etwas in der einen Hüfte angerissen haben muss. Das könnten Bänder, Muskeln oder auch

die Faszien zwischen den Knochen sein - jede Variante ist in jedem Falle schmerzhaft. Und Muck zeigt während der Behandlung deutlich an, dass ihr da etwas wehtut.

So laufen wir also weiter - im Schritt, immer die Straße entlang. Immer wieder werde ich ermahnt, nicht zu früh zu viel mit ihr zu machen. Mucks Übergewicht macht die ganze Sache - zusammen mit ihrer mittlerweile schlechten Körperhaltung - nicht eben einfacher. Also muss mein armes Pony nun doch wieder seinen Fresskorb tragen.
Sie tut mir unendlich leid, aber es hilft ja nichts. Sie muss einfach wieder etwas leichter werden.

Ich habe natürlich nicht vor, mich auf ein Pferd zu setzen, und es zusätzlich mit meinem Gewicht zu belasten, wenn es noch nicht wieder richtig laufen kann. Denn ich habe dieses und letztes Jahr, wie gesagt, viel zu viel gearbeitet, da ich auf der Arbeit ganz alleine war. Dadurch habe leider auch ich selber zugelegt. Wir müssen also beide dringend etwas abnehmen - Muck und ich.

Dann eben wandern - und nicht reiten

Ich bin von der ganzen Situation bedient und todunglücklich. Aber ich möchte trotzdem so gerne diese Tour machen! All die schönen Wege, die wir gefunden, die Strecken, die wir abgelaufen, die tollen Gastleute, die wir gefunden haben - alles soll wieder hinfällig und für die Katz sein? Ich möchte diese Tour so gern machen!
Ich bin echt bedient von der gesamten, unbefriedigenden Situation, und irgendwann verkünde ich Uwe: „Dann laufe ich eben die ganze Strecke bis in die Wingst!"

Meiner Muck geht es
nicht gut. Sie darf nicht
belastet werden.

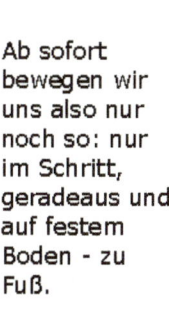

Ab sofort
bewegen wir
uns also nur
noch so: nur
im Schritt,
geradeaus und
auf festem
Boden - zu
Fuß.

Wir laufen ja eh die ganze Zeit schon, und ganz allmählich, ganz langsam ist bei Muck auch eine Besserung zu sehen. Aber, ja, ihre Genesung geht bezüglich unserer Wanderritt-Planung doch viel zu langsam voran.

Doch ich habe mich so auf unsere Tour in die Wingst gefreut!! Ich möchte so unbedingt los.

Ich brauche diese Auszeit so dringend für mich und meine Seele: wieder unterwegs sein mit unseren Pferden, endlich wieder! Und wenn ich dafür dieses Mal laufen muss, so muss das eben so sein.

Ich berichte der Osteopathin von meiner Idee, und sie bleibt zunächst skeptisch. Es müsse erst einmal noch etwas besser werden mit Muck und dann ... na ja, sie sei der Meinung, dass wir die ganzen Touren kürzen sollten. Ich versichere mich bei ihr, ob 10 km zu viel sind? Sie legt den Kopf schief und mag sich da lieber nicht auf eine bestimmte Streckenlänge festlegen. Das verstehe ich natürlich.

Die gute Frau spürt meinen dringenden Wunsch und schaut auf mein angeschlagenes Pferd. Ok. 10km könnten vielleicht gehen, aber nicht mehr!

Ab sofort schaue ich mir all unsere Touren noch einmal unter diesem Aspekt an, ob Muck das in ihrem derzeitigen Zustand schaffen könnte.

Alle abenteuerlichen Extras - wie zugewachsene und verkrautete Passagen - die eigentlich für uns immer bei solch einer Wandertour das Salz in der Suppe sind - müssen wieder raus. Ich suche also möglichst direkte und gerade Strecken für Muck, auf denen sie besser laufen kann. Dadurch werden die Wege sehr viel langweiliger für uns werden, aber egal. Hauptsache, mein Pony läuft sich dabei nach und nach gesund und wird nicht noch kränker!

Eine Strecke allerdings bleibt bei ihren 19,5 km. Da kann ich auch durch einen veränderten Streckenverlauf nichts daran ändern. Es ist eine Distanz, die ein Pferd in der Regel ohne Probleme schafft. Für unsere Pferde normalerweise gar kein Problem, zudem es sich um

eine landschaftlich besonders schöne Strecke handelt!
Doch in diesem Jahr ist eben nicht alles normal...
Gut also, dann muss da noch einmal eine extra Station
dazwischen!

Wir machen uns also auf den Weg und fahren alles ab.
Nach mehreren eigentlich passend gelegenen Gehöften,
bei denen wir entweder niemanden antreffen, Absagen
erhalten oder ein schlechtes Gefühl haben, wagen wir
uns in das Dorf Armstorf, welches etwa in der Mitte
unserer Tagestour zwischen Alfstedt und Lamstedt liegt.
Dort kommen wir auf unserer Suche an einem kleinen
Hof vorbei. Wir sehen einen großen, schwanzwedelnden
schwarzen Hund, der auf uns zugelaufen kommt, und
überall stehen Kindersachen herum. Da wagen wir uns
näher und klingeln.
Ein junger Mann in Arbeitsklamotten macht auf, hört
sich unser Anliegen an. Nur eine Wiese bräuchten wir?
Ja, da vorne hätten sie eine, ob die für uns passen
könnte? Erfreut folgen wir ihm und werden auf eine
kleine Weide geführt, die mit Hecken geschützt ist. Es
ist toll - endlich haben wir einen Ort, der uns die große
Tour in zwei Etappen aufteilen lässt. Ich bin
überglücklich! Nun können wir unsere Tagesetappen
auflisten, die Daten festlegen und sie allen
Gastgeber:innen mitteilen. Gott sei Dank!
Natürlich mache ich mir auch so meine eigenen
Gedanken ...

Ich glaube, dass Muck ein sehr sensibles Pony ist, und
dass sie auch noch immer durcheinander ist und
trauert. Erst wird sie so plötzlich von Annie verlassen
und bekommt diesen halbstarken Pelle vor die Nase
gesetzt - der sie kaum zur Ruhe kommen ließ und
selten freundlich zu ihr war -, dann wieder dieser
plötzliche Partner:innenwechsel, und nun muss sie mit
Wilma klar kommen.
Wilma ist ein herzensgutes Pferd, aber sie hat eben
auch etwas Autistisches. Sie ist sich einfach selbst
genug, kümmert sich hauptsächlich um sich selbst und
nimmt nicht viel Kontakt zu anderen auf.

Muck hat zwar in ihr eine ruhige, verlässliche Partnerin,

aber durch Wilmas Verhalten wirkt sie nun auch irgendwie haltlos. Immer wieder höre ich sie nach Wilma rufen und wiehern, wenn sie sich hinten auf der Weide befindet. Doch Wilma macht dann lieber eine Pause im Unterstand und kommt nicht - sie antwortet Muck auch nicht. Wilma kommuniziert nicht mit meiner Muck, so wie das Annie getan hat. Und immer öfter steht Muck vorne auf dem Paddock und schaut zu mir zu meinem Zimmerfenster hoch, so als suche sie Hilfe. ‚Hallo? Kannst du mal hier helfen? Die redet nicht mit mir!'

Muck schließt sich dadurch nun auch wieder sehr viel stärker an mich an. Das ist eigentlich wunderschön, aber ich bekomme dadurch auch das Gefühl, viel mehr für sie da sein zu müssen. Und das ist neben meiner Arbeit derzeit kaum möglich. Auch das macht diese Tour nun sehr wichtig für uns beide: Wieder intensiv und rund um die Uhr zusammen zu sein, wird gut für ihre und auch für meine Seele sein. Ich möchte das auch so unbedingt. Und ich glaube, Muck braucht es auch, gerade jetzt, wo sie angeschlagen ist, sich verletzlich und alleine fühlt.

Also einigen wir uns: Ja. Wir wollen es probieren! 83km zu Fuß. Wenn ich das meinem Pferd zumute, muss es ja auch für mich selbst möglich sein. Ich decke mich gut mit Magnesium, MSM und Kalziumtabletten ein, und bestelle vernünftige Wanderschuhe für Uwe und mich. Denn Uwe meint, aus Solidarität würde er dann auch einfach öfters laufen.
Außerdem kaufe ich mir eine Jacke mit dem Aufdruck ‚Führungskraft', um mich damit selbst zu motivieren. Etwas Humor muss sein!

Natürlich trösten wir uns damit, dass man ja jederzeit abbrechen und sich abholen lassen könnte. Doch ... natürlich will ich das nicht. Ich will es schaffen.
Ich will stark sein für meine Muck, und ich möchte für sie und mit ihr zusammen diese Tour schaffen.

Der erste Tag

Mittwoch 6.September 2024 - 9,9km

Meinershagen via Gnarrenburg

Laaange Alternativstrecke am Kanal entlang, lustiger
Sommerhut, knalleheiß, Torffirma entlang,
Insektenschwärme

Ich wache auf, noch bevor der Wecker klingelt. Meine
vielen Mückenstiche jucken. Ohgottogottogottogott.
Haben wir uns das alles auch gut überlegt? Die
Wettervorhersage kündigt den ,worst case'an: Es sollen
27-29 Grad werden - die ganze Woche, die wir
unterwegs sind!

Schon beim Packen gestern sind wir an unsere Grenzen
gekommen. Wir haben unglaublich geschwitzt und
hatten das Gefühl, teilweise gar nicht richtig denken zu
können, so drückend war es die ganze Zeit über. Die
Luftfeuchtigkeit ist derzeit so hoch wie nie. Schon in
den letzten Wochen klebte in unserer Küche selbst das
Salz im Streufässchen zusammen, und alles fühlt sich
klamm an. Gewaschene Sachen scheinen gar nicht
mehr trocknen zu wollen. Hoffentlich finden wir nicht
alles verschimmelt vor, wenn wir zurückkommen …

Es ist September. In der letzten Zeit hieß es immer, alles würde besser ab September, vor allem kühler. Das wurde jedoch - wieder einmal - korrigiert. Die Hitze und das Drückende bleibt, macht schlapp, geht auf den Kreislauf. Ich überlege ernsthaft, mit meinem albernen Sommerhut zu laufen, den ich mir mal bei einem Nordseeurlaub gekauft hatte. Der ist wenigstens luftdurchlässig und kann verhindern, dass mein Hirn nicht - so fühlt es sich an - zu kochen beginnt.

Gestern konnte ich sehen, wie Muck eilig über die Weide trabte. Es wirkte nicht unbedingt panisch, also dachte ich mir nichts dabei. Als wir die Pferde holen wollten, wurde der Grund klar: Sie hatte sich Fliegenhaube und Anti-Fresskorb abgestreift, und floh da wohl gerade vor den vielen Insekten ...
Die beiden sind schweißgebadet, als wir sie holen. Muck geht es nicht gut, ich sehe ihr das immer gleich an. Wieder der Gedanke: ist es wirklich gut, das alles wirklich durchzuziehen?

Doch andererseits: Auch hier auf ihrer Weide müssen sie mit der Hitze klarkommen. Und nach wie vor sind die Touren ja jetzt kurz gehalten, also hoffentlich keine Überlastung. Wir werden ja auch hauptsächlich im Schritt vorangehen. In der freien Natur müssen Pferde sich schließlich auch bewegen, egal wie das Wetter ist. Trotzdem fürchte ich schon jetzt, diese Wandertour könnte zur Tortur werden. Ob wir es schaffen würden abzubrechen, wenn es wirklich zu viel wird? Ich misstraue mir da selber, weil ich eigentlich immer so eine Durchzieherin bin ...

Gestern wollte mein Auto nach den letzten Besorgungen nicht anspringen. Ist das nun ein schlechtes Omen?
Ich tröste mich immerhin mit dem Gedanken: Die Wärme ist gut für den Rücken meines Ponys. Das ist mal sicher! Und bei einem steten Schritt voran und immer geradeaus müsste sie eigentlich bestmöglich regenerieren. Wir werden natürlich Pausen machen, wann immer sie das braucht. Und auch das Tempo kann sie selber bestimmen.

Heute haben wir nur knappe 10km vor uns - am mit Bäumen umsäumten Oste-Hamme-Kanal entlang, sodass wir auch immer wieder Schatten haben werden. Das ist gut zu wissen.
Tatsächlich freue ich mich vor allem nun auf die Streckenetappen, die uns durch den Wald führen. Und (fast)bei jeder Tour gibt es glücklicherweise auch ein Stück Wald.
Ich fürchte, frühes Aufstehen, viele Verschnaufpausen und jeden Abend die Pferde komplett abzuwaschen, wird nun unser täglich Brot werden.

Während ich noch frühmorgens am Computer bei meiner Tasse schwarzen Tee wach zu werden versuche, kann ich draußen das genervte Seufzen meines Pferdes hören. Sie hört das Geklickere der Tastatur und weiß ganz genau, dass ich da oben sitze. Die Bäume und Felder dampfen, überall sind Nebelfelder. Draußen ist es wunderschön. Also gut.
Heute haben wir noch einmal richtig viel vor uns: letzte Punkte auf dem Zettel abhaken, im Haus klar Schiff machen, die Kühlschränke ausräumen ...
Es ist viel, und wir haben das Gefühl, dass es uns in diesem Jahr besonders schwerfällt. Liegt es daran, dass wir älter geworden sind, dass das Wetter unsere Kraft raubt, oder dass wir nun die letzten zwei Jahre leider nicht auf großer Tour waren - sodass wir schlicht außer Übung sind?
Die ganze Organisation ist ein riesiger Angang, besonders, wenn man parallel auch noch so viele Waschmaschinen durchjagt, so wie ich.
Ich nehme mir vor, noch bessere Packlisten und Countdown-Listen zu erstellen, an denen man sich in Zukunft entlanghangeln kann.

Im Grunde nehmen wir auch nach jeder Tour Verbesserungen vor, und das bedeutet meist: Neuanschaffungen.
Dieses Jahr haben wir beispielsweise erstmalig zwei Caddys (klappbare Sattelständer) für unsere schweren Sättel dabei. Aber wir reisen auch erstmalig mit verschiedenen Fliegen-und Ekzemerdecken und unglaublich vielen Flaschen und Salben, die tagsüber

die Insektenabwehr und abends die Hautpflege unserer beiden geplagten Ladys sicherstellt.

Zwischendurch denke ich immer mal wieder: Das nächste Pferd sollte kein Tinker sein. Vielleicht ein Painthorse. Die haben - glaube ich - nicht so große Probleme mit den Insekten. Doch trotz aller Überempfindlichkeiten würde ich meine Muck niemals tauschen wollen. Sie ist ein Goldstück, und für mich das beste Pferd von der Welt. Und ob nach ihr noch eines kommt? Wenn sie irgendwann 28 Jahre alt wird - hoffentlich wird mein Pferd so alt und bleibt dabei gesund! - bin ich bereits 70 Jahre! Ob ich dann überhaupt noch reite? Uwe womöglich nicht mehr. Er wäre dann ja sogar schon 83 Jahre alt!
Nun, meine Lebensversicherung Muck bestimmt das, wenn sie dann noch mag und kann. Aber ein neues, junges Pferd? Vermutlich wollen das meine alten Knochen dann gar nicht mehr ...

Wir bringen den Wohnwagen an seine erste Station: nach Gnarrenburg zu dem ‚Kutscher‘.
Von unserem letzten ‚Testlauf-Ritt‘ kennen wir uns vor Ort noch gut aus, dürfen mit Erlaubnis der Gasteltern alles aufbauen und Strom legen, obwohl sie gerade nicht da sind. Die beiden machen offenbar eine Kutschfahrt, denn ihre Pferde sind nirgendwo zu sehen. Dann geht es zurück nach Hause. Letzte Handgriffe: Sind alle Fenster zu? Ist alles am Pferd, haben wir die Schlüssel?
Meine Reitsachen bleiben natürlich im Twingo. Bei der Wärme reichen Shorts und T-Shirt vollkommen aus, und statt eines Reithelms habe ich mich für den albernen Sommerhut entschieden. Er beschattet wenigstens auch Nacken und Ausschnitt und erscheint mir darum besser, als das übliche Käppi zu sein, welches ich sonst zu tragen pflege.

Als wir zurück sind und unsere Pferde fertigmachen, stelle ich fest, dass Packtaschen kombiniert mit Fliegenausreitdecke ziemlich schwierig festzumachen sind. Also erst die Fliegendecke, dann Gurt mit Schabracke und Satteltaschen drüber. Da nicht viel

Druck auf den Gurt kommt, wird es hoffentlich nicht scheuern, so hoffe ich. Im Gegensatz zu mir kann Uwe ganz normal satteln und eine dafür vorgesehene Fliegenausreitdecke über das Pferd legen. Auch hier sind allerdings keine Packtaschen vom Hersteller der Fliegendecke vorgesehen. Die müssen also über die Decke.

So ein richtig durchdachtes Ausrüstungssystem für Wanderreiter:innen hat offenbar noch niemand erfunden. Ich denke an ein System mit Sattel und Packtaschen, über die man jederzeit passende Regen- und Insektendecken ziehen kann, mit einem entsprechend gut durchdachten Befestigungssystem. Vielleicht gibt es einfach nicht genug Leute, die sich so wie wir auf Weg machen und darum ist die Nachfrage zu gering? Ich kann darüber nur mutmaßen, wundere mich aber immer wieder über diese ‚Marktlücke'.

Um 15 Uhr brechen wir endlich auf. Wir laufen beide. Nun bewahrheitet es sich also: Wanderreiten ist manchmal eben Wandern und nicht Reiten. Es geht durch gewohntes Gebiet, und das heißt vor allem: immer an der Straße entlang.   Zugegeben, unsere kleinen Straßen hier sind hübsch. Doch bei jedem Fahrzeug müssen wir auf den Schotterstreifen ausweichen und gleichzeitig die Pferde vom Naschen abhalten. So geht es den ganzen langen Jammer entlang bis zur Kreuzkuhle und Richtung Findorfer Kanal. Erst nach einem Stück des Weges können wir über die Brücke auf die andere Seite des Kanals.

Muck läuft anfangs etwas zögerlich, bleibt oft stehen. Doch nachdem wir endlich die gewohnten Wege verlassen haben und uns deutlich weiter von zu Hause entfernen, wird sie strebsamer und frischer. Es wirkt auf mich fast so, als ob sie erkennt: "Ah, es geht vorwärts, wir gehen auf Tour!"
Am Kanal entlang wird der Weg schöner als gedacht. Es ist sonnig, windig, und wir laufen unter dem Schatten der Uferbäume, die hier eine wunderschöne Allee bilden. Es ist so windig, dass mein toller Sommerhut leider nicht auf dem Kopf bleiben will.

Wir brechen auf!

Der Hut ist albern, schützt aber vor der knalligen Sonne.

So binde ich mein Halstuch um den Hut und binde es unter dem Kinn fest. Damit sehe ich aus wie die Magd Lina aus der Geschichte ‚Michel von Lönneberger'. Wirklich albern. Aber es hilft ja nichts. So hält er wenigstens.

Die erste Pause machen wir direkt am Kanal, und ich trinke gleich einen halben Liter Wasser weg, so durstig bin ich. Die Pferde finden an der Uferböschung genug Gras und sind zufrieden. Wir auch!

Vor diesem langen Gang am Kanal entlang hatte ich allergrößte Bedenken, denn verglichen mit der ursprünglich geplanten Strecke – die ja über einen tollen, zugewucherten Grasweg und später über Wiesen geführt hätte - und den wir noch bei unserem kleinen Wanderritt gen Basdahl geritten sind - erschien mir der Etappenabschnitt hier entlang extrem lang und langweilig. Doch wider Erwarten empfinden wir die Strecke nun als idyllisch und angenehm, auch wenn wir die ganze Zeit auf Asphalt unterwegs sind.

Weiter geht es Richtung Gnarrenburg, und endlich können wir links in einen Fuß-und Radweg abbiegen. Den kennen die beiden noch nicht. Muck ist voll dabei, läuft mit blanken, leuchtenden Augen an meiner Seite, strebt voran. Ganz klar: Mein Pony hat Spaß, dass wir endlich wieder ‚auf Tour' sind. Ich freue mich sehr darüber!

Es geht über eine kleine Holzbrücke über den Bachlauf des Dahldorfer Kanals in den Mühlenweg, einen breiten, zunächst noch schattigen Feldweg. Wir lassen einen Spaziergänger mit Hund vorbei und entschließen uns, jetzt schon die nächste kleine Pause zu machen, ehe es durch Siedlung und über die viel befahrene Hauptstraße der Ortschaft geht. Lieber ein paar mehr Pausen, um Muck nicht zu überlasten. Grasen? Das lassen sich die zwei natürlich nicht zweimal sagen.

Pause am Findorfer Kanal

Durch eine wunderschöne Birkenallee Richtung Gnarrenburg

Uwe läuft die ganze Zeit über aus Solidarität mit mir. Er ist ähnlich geschafft. Von der Hitze habe ich einen hochroten Kopf. Aber ich bin ganz glücklich, denn alles läuft super, und Muck ist gut drauf. Das ist die Hauptsache.

In den neuen Wanderschuhen laufen Uwe und ich zudem erstaunlich gut. Auch das war ja nicht selbstverständlich.

Wir sind jetzt kurz vor Gnarrenburg, können schon den Verkehr der Hauptstraße hören und sehen. Und es gelingt uns, zügig durch die Ortschaft hindurch zu kommen: Wir wechseln über die Straße beim Supermarkt, müssen ein Stück die Hauptstraße entlang und laufen dann einfach quer über den Platz der Tankstelle, um schneller in den nächsten Weg zu kommen. Muck lässt den Kopf hängen. Hitze, Asphalt und lauter Verkehr sind keine Kombination, die mein Pony besonders erfrischend findet. Ich aber auch nicht. Endlich verlassen wir die Asphaltwege und fädeln uns neben dem großen Eisentor des hiesigen Gnarrenburger Torfabbauunternehmen in einen wunderschönen Feldweg ein.
Innerhalb weniger Sekunden befinden wir uns inmitten von grüner Natur. Es ist ein Gefühl, wie im Outback: weit entfernt von Menschen und Zivilisation, weit entfernt von Fahrzeugen und Verkehr. Herrlich! Genau dieses Gefühl liebe ich. Genau deswegen machen wir das alles hier!

Der Feldweg wird offenbar nicht besonders gepflegt, stellt sich als matschig, uneben und völlig verkrautet heraus. Normalerweise liebe ich das und suche mit Begeisterung gerade solche Wege für unsere Touren aus. Dieses Mal jedoch habe ich immer im Hinterkopf, dass mein Pferd nicht gut zu Fuß ist, und achte sehr darauf, wo sie läuft. Teilweise überlasse ich ihr den ebeneren Bereich des Weges, während ich am Rande durch Kraut und Böschung hüpfe. Alles zum Wohle des Pferdes!

Muck hingegen scheint aufzuwachen. Unebener Weg? Kraut und Matsch? Herrlich! Sie zieht mich vorwärts, ist voll da, hat ganz offensichtlich Spaß an diesem Streckenabschnitt.
Keine Ahnung, ob es einfach die Freude über die uns umgebende Natur oder aber Ignoranz gegenüber der eigenen Angeschlagenheit ist? Es ist schwer für mich, das richtig einzuschätzen. Denn Pferde wollen immer wissen, dass ,alles geht'. Darum neigen sie dazu, über ihre eigenen Grenzen hinweg und gegen ihre eigenen Unpässlichkeiten anzugehen. Der Säbelzahntiger fragt ja schließlich auch nicht, ob es gerade passt oder ob er aufgrund von etwaiger Unpässlichkeiten des Beutetieres lieber etwas später zurückkommen soll, nur damit es auch fair zugeht.

Ich misstraue darum also ein wenig dem Bewegungsdrang meines Pferdes, während es mich in einem gut gelaunten Nordic-Walking-Tempo über diesen Feldweg zieht. Dieser wird nun zum Wiesenweg. Durch Mucks Tempo - welches überhaupt nicht meins ist – bin ich ziemlich außer Atem. Wir wollen eine weitere Pause einlegen, ehe es in die Randbesiedlung von Gnarrenburg geht, die dann auch schon unsere Zielgerade darstellt.
Ein schönes Stück wilder Wiese lockt am Rand des Feldweges. Muck und Wilma finden es toll, doch wir werden von Insektenwolken überfallen, die sich geradezu auf uns stürzen. Klar haben wir Insektenspray dabei, um den beiden und auch uns selbst zu helfen. Aber Schweiß und Insektenspray vertragen sich nicht unbedingt immer so gut. Ins Gesicht mag ich jedenfalls keines machen, da ich da triefendnass bin.

So halten wir es an diesem Ort leider nicht lange aus und müssen die Pause schon bald abbrechen. Egal, es ist ja auch gar nicht mehr so weit. Unser Feldweg mündet nun in eine traumhafte Birkenallee. Dann biegen wir auf eine Landstraße ein, von der aus wir hinter einigen Feldern schon die Siedlung Brillit liegen sehen können.

Wir bleiben auf dem Fahrradweg, um vor den

vorbeibrausenden Autos geschützt zu sein. Die Autos fahren hier schnell.
Ich weiß natürlich, eigentlich sollen Pferde nicht auf dem Fahrradweg laufen. Sie gehören laut Gesetz – jaha, tatsächlich ist das so – auf die Straße. Aus welchem Jahrhundert dieses Gesetz wohl stammt, ist mir ein echtes Rätsel! Denn besser kann man wohl kaum Unfälle herbeiführen. Die meisten Autofahrer:innen wissen heutzutage ja kaum noch, wie man mit dem ‚Verkehrshindernis Pferd' umzugehen hat. Viele brausen in unverminderter Geschwindigkeit an uns vorüber, häufig sogar auch noch sehr nah, trotz Gegenverkehr. Sie machen sich offenbar keine Vorstellung davon, was es bedeuten würde, wenn ein Pferd plötzlich ausschert oder sich gar erschreckt.

Mit den Radfahrer:innen ist es allerdings nicht unbedingt besser. Uns kommt gerade einer entgegen. Er flucht, macht unfreundliche Bemerkungen, und fährt auf der Straße im Bogen um uns herum, ohne seine Geschwindigkeit zu vermindern. Er gesteht uns schlicht nicht die Zeit zu, um zur Seite zu treten. Selbstverständlich hätten wir ihm Platz gemacht und die Pferde auf die Böschung gestellt, damit er vorbeikann. Aber leider haben viele Leute – so wie dieser auch – keine Zeit, wollen ihre Geschwindigkeit auf keinen Fall vermindern, empfinden uns als grobe Störung und werden sauer. Gibt es eigentlich das Recht auf freie Fahrt und ungebremste Geschwindigkeit? Manche scheinen das offenbar wirklich zu glauben.

Aber als ‚Führungskräfte' gelten wir ja ohnehin nicht mehr als Reiter:innen, sondern als Fußgänger:innen. Also dürfen wir tatsächlich sogar hier laufen, da es ein Fuss-Rad-Weg ist.

Endlich biegen wir in die Siedlung ein, die hier eine reine Wohnstraße mit einzelnen Häusern ist. Hier ist Tempo 30 angesagt und Verkehrsberuhigungen in Form von Bordsteinausbuchtungen - die auf die Fahrbahn hinausragen - sorgen dafür, dass die wenigen Autos hier gesittet und mit mäßiger Geschwindigkeit vorbeirollen. Bei der Hitze ist kaum jemand draußen zu sehen, aber wir kommen an einem Mann vorbei, der in seinem Vorgarten gärtnert. Leider hat meine Muck nichts Besseres zu tun, als direkt vor seinem Zaun ihr Geschäft zu verrichten und einen schönen Haufen fallen zu lassen.

Ich sehe an seinem angestrengten Gesichtsausdruck, dass er das nicht so toll findet. Obwohl wir uns eben noch freundlich gegrüßt hatten, lasse ich meinen gutgelaunten Kommentar ‚Das Düngemittel ist für Ihren Garten – ganz umsonst!" lieber bleiben, obwohl es mir quasi schon auf der Zunge lag. Stattdessen biete ich also lieber an, dass ich die Hinterlassenschaften meines Ponys gleich wegmachen würde. Er wirkt recht verspannt, als er bestätigt: „Ja, das wäre schon gut!" Er erwartet es also sowieso. Ärgerlich.

Kleiner Einwurf: Bei Aldi gibt es aktuell gerade Bio-Naturdünger in Form von getrocknetem Pferdemist zu kaufen. Und ich dünge schon seit Jahren meine Gemüsebeete mit den Pferdeäpfeln unserer Pferde. Er hätte die Pferdeäpfel also doch sehr gerne seinen Rosen zugutekommen lassen können. Offenbar sind die meisten Leute längst so weit von der Natur abgerückt, dass sie Pferdeäpfel nur noch als Dreck, nicht mehr als willkommenen Dünger ansehen können. Aber das ist ja der große Unterschied zwischen Hunde- und Pferdehinterlassenschaften: Pferdeäpfel sind durchaus nützlich und nutzbar! Aber nein, da kaufen die Leute wohl doch lieber irgendeine Fertigmischung, die nicht riecht!

Aber gut. Zwei Häuser weiter ist ja schon unsere Station, und natürlich werde ich um des lieben Friedens Willen, - und auch, um den Ruf unserer Gastgeber:innen nicht zu schädigen - das Häuflein noch weg machen. Die Reaktion des Gärtners lässt mich dennoch den Kopf schütteln.

Kurz vor Erreichung unserer Gaststation holt uns die Kutsche unserer Gastgeber:innen ein.

Das Gefährt macht meine sonst sehr ruhige Muck sehr nervös! Kutschen mag sie nicht, da ist immer Spannung in ihrem Körper. Sie ist erst zufrieden, als das merkwürdige Fahrzeug - nicht wirklich Auto, nicht wirklich Pferde - in der Einfahrt verschwindet.

Wir laufen hinten herum und satteln direkt vor der Wiese ab. Unsere Ladys scheinen tatsächlich alles noch vom letzten Jahr wiederzuerkennen, denn sie entspannen sich unmittelbar. Dasselfliegen umschwirren uns. Diese Insekten haben das Aussehen von bräunlichen, dicken Bienen und entlarven sich selbst dadurch, dass sie gezielt die Pferde anfliegen und auf ihnen landen wollen. Das finden die Ponys spooky und reagieren extrem gestresst, hüpfen herum und schlagen nach ihnen. Uwe macht sich auf heldenhafte Jagd nach den Biestern mit einem Hufauskratzer. Leider ist er nicht so erfolgreich, doch wir bekommen sie vertrieben – für den Moment.

Dasselfliegen sind darum so blöd für Pferde, weil sie ihre Larven an die Pferdehaare kleben, am liebsten an die Beine. Dort lecken die Pferde sie dann ab, und so gelangen die Eier in Magen und Darm ihres Wirtes. Das Ergebnis sind fiese Würmer, die ihr Unwesen im Darm treiben. Darum muss man auch regelmäßig eine Wurmkur machen, die - unter anderem - die Dasselfliegeneier bekämpft, um weiteren Schäden vorzubeugen.

Wir entlassen die beiden auf ihre Weide, sind selber fix und foxy. Das erste Mal auf unseren niedrigen Klappsesseln sitzen, mit Ausblick auf die beiden und eine neue Wiese – ihre erste Gaststation: Geschafft, die erste Tagesetappe ist auf der Haben-Seite!

Natürlich finden wir erst Ruhe, nachdem der andere Wagen nachgeholt ist. Also fahren wir schon kurz danach zurück, können noch das vergessene Bremsenspray nachholen und den Rest Suppe aus dem Kühlschrank, von gestern. Tatsächlich nutze ich die Gelegenheit, noch einmal kurz unter die Dusche zu hüpfen, denn so oft werde ich das in den nächsten Tagen sicherlich nicht mehr tun können.

Angekommen an unserer
Gnarrenburger Station.

Uwe auf der
Jagd nach
Dasselfliegen

Unsere Station hinter den Wohnhäusern

Zurück an der Gaststation vermisst Uwe sein Handy. Oh nein! Hat er es etwa zu Hause liegen gelassen? Wir sind genervt, haben beide überhaupt keine Kraft oder Lust mehr, deshalb noch einmal zurückzufahren. Wir hoffen also, dass er es einfach nur verlegt hat und dass es schon wieder auftauchen wird. Jetzt im schwindenden Licht des Tages wird es sich ohnehin nur noch schwer finden lassen.

Dann servieren wir unseren Ladys ihr erstes Abendbrot mit Bier, und sie genießen es ganz offensichtlich. Das finden sie immer extrem lecker!
Obwohl wir Ausrüstung und Sattelzeug um die Ecke in den Schuppen bringen könnten, lassen wir das verschwitzte Zeug lieber ausgebreitet auf der Wiesenschleppe neben der Wiese verteilt liegen und ziehen einfach eine Plane rüber. So bleibt alles von oben trocken und kann von unten ausdieseln.

Wir vertilgen den Rest Suppe, machen es uns in den Klappsesseln gemütlich mit Malzbier und richtigem Bier. Herrlich! Es wird dunkel, und wir werden mit einem riesigen, tollen Mond belohnt. Es ist traumhaft hier, einfach idyllisch. Alles ist bestens. Aber die ersten zehn Kilometer haben mir auch einiges abverlangt. Ich gebe zu, ich bin erschöpft.
Wann bin ich das letzte Mal so richtig gewandert? Ich kann mich nicht mehr daran erinnern. Mir eigentlich auch nur noch danach, einfach ins Bett zu fallen ...

Ein wunderschöner Morgenhimmel

Wilma zeigt den ‚Brownies', was eine Tinkerdame kann

Der zweite Tag

Donnerstag 7. September 2024 - 10,4 km

Gnarrenburg via Basdahl

Uwes Handy, Der tolle Wald! Insektenausraster,
Schmodderweg (Alternativstrecke zum Abhangweg),
Gutes Ankommen in vertrauten Gefilden,
Wolfsgespräche

Morgens wachen wir mit Blick auf wunderschöne
Nebelfelder auf: Ein ganz besonderes, helles Licht
reflektiert die Nebelschwaden, die sich über Felder und
Wiesen gelegt haben. Es sieht einfach nur wunderschön
aus! Uwe geht gleich nach dem ersten Klogang des
Tages die Pferde begrüßen, und ich mache
wunderschöne Fotos mit ihm und Wilma.

Beim ersten Kaffee kuscheln wir uns nochmal ins Bett,
bis uns das empörte und fordernde Wiehern von Wilma
hinaustreibt. Die beiden haben anscheinend nicht
genug zu Fressen. Die Weide ist sehr kurz abgenagt,
und unser Gastgeber gibt gerade seinen Pferden auf der
Nachbarweide Heulage. Das ist natürlich nix für unsere
Pferde. Wir beschließen, sie gleich an der Hand auf der
wilden Nachbarwiese grasen zu lassen. Danach dürfen
auch wir unser erstes Frühstück im Freien genießen.
Das ist einfach das Beste: morgens raus, sich mitten in
die Natur setzen und frühstücken. Das setzt bei mir
unmittelbar Glückshormone frei.
Während wir eingekuschelt in unsere Jacken am
Frühstückstisch sitzen, klingelt Uwes Handy. Huch?
Es meldet sich aus dem Wohnwagen. Und dann finden
wir es: auf dem Regal über seinem Bett. Da hatte er

seine Bauchtasche draufgelegt, bei der wohl das Handyfach offen gewesen war. Beim Herunterziehen der Tasche muss es einfach auf das Regal geglitten sein. Die Erleichterung ist groß! Wir müssen also nicht zurückfahren, um nach dem Handy zu suchen. Sehr schön.

Wilma zeigt derweil den braunen Warmblut-Kutschpferden, was eine Tinkerdame kann: Sie galoppiert, hopst, steigt und buckelt, lässt ein wahres Schauspiel an Tinkerpower sehen. Muck trabt immer hinterher, scheint etwas verwirrt von der Aufregung, macht nicht zu viel mit. Darüber bin ich eigentlich auch ganz froh. Sie soll sich jetzt bloß nicht auch noch vertreten wegen so nem Blödsinn!

Wir sind für unsere Verhältnisse recht früh dran, als wir kurz nach 10 Uhr schon alles zusammengepackt haben und mit dem Wohnwagen einen weiter, nach Basdahl vorziehen.
Direkt unter den Obstbäumen dürfen wir wieder den schönen Stellplatz beziehen. Unsere nette Gastgeberin ist da und begrüßt uns. Wie auch schon beim letzten Mal ist man schnell mit ihr in einem netten Plausch vertieft. Doch natürlich zieht es uns zurück zu den Pferden.

Um 12.10 Uhr sind wir dann auch schon ‚ready for take off'. Das ist dieses Mal sehr bequem: Wir binden die beiden an der Wiesenschleppe an, auf der ohnehin schon unsere Ausrüstung wartet. Einfach nur die Plane herunterziehen, und alles ist direkt beim Pferd und kann auf ihre Rücken überwechseln. Sehr praktisch!
Uwe lässt seine große Packtasche zurück.
Zusammen mit der Insektendecke verrutschte beides immer wieder, und den Inhalt benötigt er eigentlich nicht. Bei der Hitze sind Regensachen und Jacke unwichtig geworden. Also reichen ihm die kleinen Horntaschen. Insektenschutzmittel und Ähnliches passt noch bei mir rein.

Fertigmachen an der Wiesenschleppe - sehr praktisch!

Zu Fuß - mit Pferd

Durch die Siedlung führen wir die beiden bis in den Wald. Dort können wir einen Teil der Etappe bis zur nächsten Siedlung einen schmalen Waldweg entlang – mit Tannen und lichten Laubbäumen.
Schön ist es hier! Doch Wilma ist da anderer Meinung, wird nun hin und wieder bockig, will nicht weiter, scheint Fragen zu haben. Sie merkt wohl deutlich, dass es nun nicht mehr zurück, sondern weiter geht. Und offenbar schmeckt ihr das nicht. Oder ist es der Waldweg, der ihr gerade nicht gefällt?

Als es durch den nächsten Siedlungsabschnitt geht, sitzt Uwe auf. So scheint er sie erst einmal besser voran zu kriegen. Wir fädeln uns durch den Slalom der Fußgängerüberführung, um über den Bahndamm zu gelangen, und tauchen auf der anderen Seite der Landstraße in den Franzhorner Wald.
Ein traumhafter Wald! Findet Wilma aber nicht. Sie bleibt immer wieder stehen, dreht am Rad. Uwe muss viel fluchen, streicheln, und vor allem viel Geduld aufbringen. Eigentlich müsste Wilma den Weg ja wiedererkennen und könnte auch Muck einfach nur folgen. Aber so ist Wilma nicht. Wilma ist eben nicht Pelle, sie hat ihren eigenen sturen Tinker-Kopf.

Wir schlängeln uns den schmalen Waldweg entlang und wissen, wir sollten bald auf den Querweg, einen breiteren Wald- und Wiesenweg treffen. Stattdessen tauchen riesige Holzstöße vor uns auf, die sich wie eine Mauer vor uns auftürmen. Huch? Uwe steigt auf und sucht mit Wilma nach dem Weg. Von dort oben sieht er einfach alles besser und findet auch tatsächlich den (fast) zugestellten Waldweg.

Angekommen bei der tollen Waldlichtung, die voller Wildkräuter und garantiert nicht gedüngt ist, können wir endlich unsere erste Rast machen. Wir freuen uns auf eine schöne Pause, holen unsere Getränke heraus, wollen etwas entspannen und zur Ruhe kommen. Aber die Ponys sind rastlos und ziehen uns hin und her, kommen leider gar nicht zur Ruhe. Es scheinen einfach zu viele nervige Insekten unterwegs zu sein. Vor allem Wilma zirkelt um Uwe herum und zieht ihn genervt über die Wiese. Wir legen ordentlich Insektenspray nach, aber der Erfolg ist nicht so groß, wie wir es uns gewünscht hätten.

Uwe mag schließlich nicht mehr. Als wir aufbrechen, sitzt er auf und trabt ein Stück vor, bekommt Wilma jedoch anschließend kaum noch durchpariert. Wilma scheint auf der Flucht, sie spult sich richtig auf. Was ist denn los? Ist das nur wegen der Insekten, oder wittert sie noch etwas anderes? Wildschweine oder Wölfe?

Solche Fragen stellt man sich dann natürlich immer, sobald das Pferd sich seltsam verhält. Es dauert eine Weile, bis sie sich wieder beruhigt, und wir ziehen den breiten Wirtschaftswaldweg aus dem märchenhaft anmutenden Tannenwald in offenen Buchenwald. Schön ist es hier – und vor allem schön schattig!

Wir haben September, und dennoch fühlt es sich bei dieser Hitze wie Hochsommer an. Der Weg, den wir das letzte Mal genommen hatten, führt über einen rutschigen Erdhang, wo man leicht ausgleiten könnte – insbesondere, wenn man nicht völlig fit ist, so wie meine Muck. Darum entscheide ich mich lieber dafür, einen kleinen Umweg zu nehmen. Laut Karte führt der eigentliche Wirtschaftsweg einfach nur geradeaus bis zum Waldrand, um dort auf den gewünschten Querweg zu treffen. Unser Gnarrenburger Gastgeber erzählte uns bereits, dass der Waldinhaber leider kein Freund von Kutschfahrer:innen ist und darum auf diesem Weg mit Absicht Stämme quergelegt hat, damit sie dort nicht mehr entlangfahren können.

Wie gesagt: kein Pferd und keine Kutsche kann auch nur annähernd so viel Schaden auf einem Weg hinterlassen wie eine Forstmaschine oder auch die heutigen (sehr großen) Traktoren. Und dennoch gibt es immer wieder diese Menschen, die keine Lust auf Reiter:innen und Kutschfahrer:innen haben. Woher kommt diese Aversion?
Mir ist das ein wirkliches Rätsel ...

Wir laufen also weiter geradeaus, bis der Weg immer weiter zuwächst und letztendlich nicht mehr wirklich zu sehen ist. Es ist fast so, als habe das Querlegen der Baumstämme aus dem Waldweg eine Sackgasse gemacht, so das Büsche und Dornengestrüpp überhandnehmen und das Durchkommen erschweren. Alles ist zugewachsen oder zugelegt mit Ästen und Baumstämmen, kreuz und quer. Das ist nicht eben ideal, wenn man ein gehandicaptes Pferd führt!

Ich ermahne Muck also immer wieder dazu, langsam und sorgsam zu gehen. Uns hetzt ja nichts. Wir haben keinen Zeitdruck. Doch sie ist aufgeregt, zieht mich in einem viel zu schnellen Tempo voran, wirkt unwirsch, hört nicht richtig zu. Und beide zeigen nun den typischen Tinkerstyle: Sie laufen hoch motiviert und mit wachen Augen durchs Unterholz. Das ist schon echt ein Highlight mitzubekommen, wie sehr beide diese Herausforderung mögen und auch meistern!

Endlich landen wir auf dem breiten Querweg am Waldrand, der sich nun aber als sehr sumpfig herausstellt. Anstatt auf die Unwegsamkeit zu achten, läuft Muck mitten hinein und trinkt ausgiebigst aus einer der tiefen Pfützen, die sich in den Fahrrinnen der Forstmaschinen gebildet haben. Das hat sie aber echt von Pelle gelernt bei dem letzten, gemeinsamen Wanderritt!

Ich hüpfe nun vor ihr wie ein kleiner Derwisch über den sumpfig-matschigen Feldweg, in dessen Fahrrinnen das Wasser steht, versuche, den besten Durchweg zu finden, ohne dass man einsinkt. Muck folgt gut gelaunt, und auch Wilma hat im Moment offenbar keinerlei Problem mit irgendetwas. Unser Weg verändert sich zum grasbewachsenen Feldweg, befestigten Weg und wird zu einer Waldstraße mit Kopfsteinpflaster. Das ist schwer zu laufen auf diesen rundlichen Huckeln. Also drücken wir uns am Rand entlang. Es geht bergan Richtung Bundesstraße, und Muck zieht mich mal wieder in einem Nordic-Walking-Schritt voran.

Uwe sitzt auf und darf auch mal Reiten

Durch schattige Buchen im Franzhorner Wald

Ich kriege sie einfach nicht gebremst und japse mit ihr die Steigung hinauf. Dabei gerate ich voll außer Atem. Das ist echt nicht mein Tempo!

Oben angekommen wird sie nun aber glücklicherweise ruhiger. Wir kommen bei einem Schullandheim heraus, müssen ein Stück den Fahrradweg nehmen, um mit der Straße einen größeren Bachlauf zu überqueren, und wechseln dann auf die andere Seite Richtung Geestrücken und auf eine offene Feld- und Wiesenlandschaft. Wind ergreift uns. Wie angenehm! Uwe sitzt jetzt auf und reitet ein Stück.

Unsere zweite Pause machen wir am Rand der kleinen asphaltierten Landstraße, essen gekochte Eier, und haben zwei sehr zufriedene Pferde am Zügel, die hier auch zur Ruhe kommen und genussvoll grasen. Offenbar geht das hier oben auf der Anhöhe eben besser, da es den Insekten bei dem Wind kaum gelingt, auf ihnen zu landen.

Dann müssen wir über eine windige Landschaftwüsten-Ebene über Schotterfeldwege und über die nächste Bundesstraße wechseln. Wilma zeigt sich nun wieder renitent, bleibt immer wieder stehen. Wir können nur mutmaßen, was ihr nicht passt. Aber vielleicht möchte sie ja auch nur ankommen. Vielleicht reicht es ihr schlicht für heute? Doch wir haben es ja nicht mehr weit. Nun nur noch etwas bergab, da sehen wir schon unsere nächste Gaststation in einiger Entfernung etwas tiefer unter uns gelegen, auf der zur rechten Seite.

Kurz kommt mir unsere Strecke heute vor! Aber das soll sie ja auch sein. Als wir ankommen, scheinen beide Ponys den Hof wiederzuerkennen. Dieses Mal bekommen sie eine tolle Wiese mit Gras, eigenem Stall und Paddock. Eine Luxusunterbringung sozusagen!

Trotz allem sind wir kaputt, holen aber doch lieber gleich den Twingo und fahren auch noch zu Raiffeisen, um Insektenspray nachzukaufen. Beim Supermarkt setzen wir uns ins Café, belohnen uns mit Kaffee und Kuchen, und Uwe kriegt auch noch ein Baguette.

Solch einen Luxus zwischendurch leisten wir uns eigentlich selten. Doch wir wissen unsere beiden Ladys gut versorgt und sind früh angekommen. Alles ist im grünen Bereich.
Ich bin wirklich froh, wie gut meine Muck mitmacht und alles meistert! Mein Eindruck ist, dass sie voller Freude und Elan dabei ist, und es sehr zu schätzen weiß, dass wir wieder unterwegs sind. Meinem Pony tut es offensichtlich gut, auf Tour zu gehen!
Das war natürlich meine größte Sorge, ob ich ihr da nicht zu viel zumute. Aber selbst wenn es vielleicht nicht das optimale Pensum für ihr Handicap sein mag, so ist es in jedem Falle mental eine gute Sache, denn ihre Augen sind lebendig und sie selbst voller Tatendrang!

Als wir zurück sind, kommen mit dem Abend die Wolken aus Gnitzen (kleine Mücken) zurück und nerven uns. Wir legen Insektenspray nach und erleichtern uns allen damit das Draußensein. Dann wird der neue Gasherd eingeweiht – ein flaches Modell, welches nun unsere Dosensuppe in der Hälfte der Zeit erwärmt. Toll! So gibt es um 21.30 Uhr Reissuppe.

Im aufgeheizten Wohnwagen ist es unerträglich warm, so bleiben wir noch eine Weile bei den Pferden und genießen von hier aus die tolle Sicht und den wunderschönen rosa Himmel in ständig neuen Wolkenformationen. Rehe äsen in der Ferne, und ich versuche, sie mit dem Handy einzufangen. Danach sitzen wir noch lange draußen unter dem klaren Sternenhimmel. Es ist mild, warm und endlich angenehm – einfach wunderschön.
Bis tief in die Nacht hält uns der Höllenlärm einer Ackermaschine auf dem nahen Feld wach, welche auf dem trockenen Feld die Steine durchklackert. Der gute Landwirt ackert tatsächlich bis tief in die Nacht. Es dauert lange, bis endlich Ruhe einkehrt. Ob wohl für morgen ein Wetterumschwung angesagt wurde, oder muss er – so wie mittlerweile viele Bäuerinnen und Bauern – immer erst nach der eigentlichen Arbeit ehrenamtlich das Land bewirtschaften?

Die Ladys übernachten auf einer Weide neben Kühen

Ein
schönes
Plätzchen
unter
Obst-
bäumen

Abendbrot für die Pferde ...

und für die Menschen:
erstmalig auf dem neuen
Gasherd gekocht!

Der dritte Tag

Freitag 8.September 2024 - 8,9km

Basdahl via Hipstedt

**Irrwege, Sattelunfall, Abkürzung in den Sumpf, Hof mit
Schwein - aus 8,9km werden 13km**

Der Morgen ist ruhig und romantisch. Unseren Pferden
geht es ganz offensichtlich sehr gut auf der schönen
Weide mit dem weiten Ausblick. Ich glaube, die würden
glatt hierbleiben wollen!

Unsere Gastgeberin ist schon früh unterwegs und
erledigt ihre Arbeiten auf dem Hof, werkelt in ihrem
tollen Gemüsegarten.
Ich kann nur darüber staunen, wie erfolgreich ihre
Erträge aus einer Ansammlung von Hochbeeten mit
Gemüse verschiedenster Art sind – sogar Paprika kriegt
sie in ihren Gewächshäusern gezogen! Davon kann ich
nur träumen. Aber im Gegensatz zu mir widmet sie sich
auch ganz und gar ihrem Garten, pflegt ihn jeden Tag.
Pferde gibt es hier auch. Doch weil es gerade etliche
Arbeiten und Bauprojekte an Hof und Garten gibt,
kommt sie nicht recht zu ihnen. So haben sie ein
schönes Leben auf der Weide, anstatt ihre Kutsche
ziehen zu müssen …

Nach einem ausgiebigen Frühstück ziehen wir unseren
Wohnwagen nach Hipstedt vor. Diese Station hatten wir
durch Abfahren der Strecke gefunden und hatten das
große Glück, ein ‚Ja' zu erhalten. Die Pferde auf der
nahen Weide zeigten uns, dass es hier sicher ein
Plätzchen für unsere Pferde geben musste. Und als wir

157

fragten, war der Mann gerade dabei, einen alten Bulli in der Garage zu restaurieren. Schnell kamen wir ins Gespräch. Hier waren wir richtig!

Tagsüber waren sie alle auf der Arbeit und die beiden Töchter in der Schule. Wir dürfen unseren Wohnwagen gleich vorn im Hof aufstellen, direkt unter eine Trauerweide. Sehr romantisch!
Der Pferdeauslauf grenzt direkt an unseren Stehplatz, und viele gespitzte Ohren und neugierige Augen verfolgen nun, wie wir den Wohnwagen platzieren, aufbocken und Strom aus dem Schuppen legen. Dann geht es zurück zu den Pferden.

Etwas Wehmut ist bei dieser Tagesetappe auch dabei, denn ich hatte mir ursprünglich einen besonders verwunschenen Streckenverlauf herausgesucht: Einen Wanderweg durch Tannenwald, über eine kleine Brücke, durch einen weichen Wiesenweg zu einem Buchenwald, einem Sandweg an einem Anglerteich vorbei bis quer zu den Feldern, dann in einem großen Bogen in einen weiteren Mischwald, über einen zugewachsenen, verstrauchten Waldweg an einem Jägersitz vorbei, durch Tannen bis zu einem Weidetor, durch dieses hindurch auf einen Feldweg, über einen Hof und dann ein kurzes Stück durch ein Stückchen Forst in eine Allee gesäumte, asphaltierte Feldstraße, die uns direkt von hinten an unsere neue Gaststation herangeführt hätte.

Mehrmals war ich alleine losgezogen, um Teile dieser Strecke zu Fuß zu erkunden. Abschnitte dieser Strecke waren so unglaublich märchenhaft und idyllisch, dass ich mich speziell auf diese Tagesetappe ganz besonders gefreut hatte – auch wenn wir tatsächlich noch kurz vorher bei einem Bauernhof hätten nachfragen müssen, ob man an dem bestimmten Tag bei ihm über den Hof hätte reiten dürfen. Denn er hatte Stromlitze quer über einen der Wege gespannt, sodass seine Kühe frei von der Weide zu seinem Hof laufen konnten. Das hätte also tatsächlich unbedingt vorher seine Zustimmung gebraucht, um hier passieren zu können ...
Doch all die Erkundigungen und das intensive Ausbaldowern der besten Strecke fielen nun flach. Wir

mussten die Strecke für Muck abkürzen und vor allem lauffreundlicher gestalten. Damit fiel all das weg, was sonst den meisten Spaß bringt: unwegsame Strecken, quer durchs Unterholz durch den Wald, und auch die Überquerung des Bachlaufs.

Über Outdoor-Active und die topographische Karte hatte ich mich schlaugemacht. Es existiert eine sehr viel direktere Wegstrecke zwischen unseren beiden Stationen, und auch die wird uns durch Wald führen. Ich hoffe nun inständig, dass dieser Weg wenigstens auch halbwegs schön ist und nicht mit unerwarteten Schwierigkeiten auf uns wartete.

Mittlerweile ist bereits wieder alles viel zu warm. So ziehe ich mir wieder Shorts an statt der langen Hosen. Um 13.10 Uhr kommen wir endlich los.

Die Sonne brennt bereits wieder auf uns nieder, als wir über die Felder auf einem schönen Wiesenweg starten. Wilma ist gegen diese Richtung. Echt jetzt? Noch weiter weg von zu Hause?
Uwe steigt schließlich auf, da sie sich wohl von oben doch besser vorantreiben, als führen lässt. Aber auch Muck bleibt viel stehen und ist sehr skeptisch. Ich muss wieder an die Wolfsgeschichten denken und daran, dass die beiden vielleicht etwas riechen, was wir gar nicht wahrnehmen. Unsere Gastgeberin erzählte uns, dass auch hier einer gesichtet worden sei und eine Kuh gerissen habe ...
Andererseits kann ihr Zögern auch schlicht der Tatsache geschuldet sein, dass wir ja schon einmal bis hierher geritten und dann wieder zurück sind, nicht weiter. Für die beiden betreten wir also ab sofort absolutes Neuland. Und spätestens jetzt wird ihnen wohl auch klar, dass wir eine größere Tour vorhaben, mit der wir länger unterwegs sein werden als beim letzten Mal.

Idyllische Allee aus Basdahl heraus

Feldumrundung nach
dem ersten Irrgang

- noch sind wir guten
Mutes

Am Waldrand angekommen führt uns ein wunderschöner, zugewachsener Feldweg durch eine Allee aus knorzeligen Bäumen. Das ist wunderschön hier, aber leider sehr anstrengend zu laufen. Sorgsam achte ich wieder darauf, dass Muck den besseren Teil des Weges zum Laufen hat, während ich über Dornen und hohe Grasbüschel hüpfe. Dann treffen wir auf einen Schotterweg, der uns weiter Richtung Wald führt, an der Hundeschule vorbei, wo wir mit lauthalsen Gekläffe aus vielen Kehlen bemerkt werden. Beide Pferde stören sich dieses Mal nicht im Mindesten daran.

Endlich dürfen wir in einen Wiesenweg einbiegen und vom Schotterweg herunter. Wir sind etwas bergab geritten, quasi in eine Senke hinein und Richtung ‚Malse'. So wird der Bachlauf bezeichnet, der sich hier entlangschlängelt. Ansich muss das nichts heißen, aber es kann – denn Wasser bleibt nicht immer in seinem Bachlauf, setzt schonmal ganze Landschaftsbereiche unter Wasser und auch Wege …

Von dem Ausritt im letzten Jahr kennen wir noch den Weg bis hier unten. Doch ab sofort betreten wir Neuland.
Mein Navi schickt uns über einen Feldweg bis zu einer Wiese mitten im Wald. Schön ist es hier! Wir wollen weiter, driften irgendwie nach rechts ab in die Richtung eines Ackers. Das Navi meldet, dass wir irgendwie neben der Spur sind, also nicht da, wo wir eigentlich sein sollten. Also müssen wir wieder zurück. Mit dem Navi in der Hand suche ich eine Abkürzung durch die Bäume, die uns durch Dornengestrüpp führt. Egal, da müssen wir jetzt durch! Muck zieht, ich versuche mitzukommen, spüre, wie die Dornen meine Haut aufritzen und bin saufroh, dass mein Pferd Gamaschen trägt und an den empfindlichen Beinen geschützt ist. Oh Mann! Endlich haben wir es geschafft und befinden uns wieder auf dem richtigen Weg, der jedoch – dadurch, dass er völlig zugewachsen ist – gar nicht mehr als solcher zu identifizieren war.

Uwe starrt auf meine Beine. Sie brennen sehr, und als ich an mir herabsehe, muss ich feststellen, dass ich ordentlich blutig zerschrammt bin. Tja. Warum habe ich auch keine lange Hose an. Also: selber Schuld.

Aber Muck geht es gut. Das ist mir viel wichtiger. Wir sind jetzt am Rande einer abgemähten Wiese gelandet, mitten im Wald. Karte und App behaupten, wir müssten auf dem richtigen Weg landen, wenn wir jetzt nur noch außen herumlaufen. Das tun wir – was in der Mittagshitze und bei all den lästigen Insektenviechern hier wirklich eine ziemliche Tortur ist. Die Wiese ist nass und quatscht bei jedem Tritt unter unseren Füßen. Ich hoffe sehr, dass wir bald festen Boden erreichen. Natürlich müssen sich die Fliegen nun auch noch ständig auf meine ohnehin schon brennenden Schrammen setzen!

Nachdem wir einen Bogen gelaufen sind, öffnet sich der Bewuchs an der nächsten Ecke der Wiese und ... lässt uns auf den erhofften Feldweg treffen. Gott sei Dank! Hochgewachsenes Gras lädt hier zum Verweilen ein, vor allem unsere Ponys natürlich, die schon sehr interessiert dorthin schielen. Sie haben sich aber ihre erste Pause auch redlich verdient, wie wir finden. Also dürfen sie grasen, und wir genießen Apfel und Getränke.

Einen Apfel neben einem Pferd zu essen, ist übrigens gar nicht so leicht! Schon gar nicht bei meiner Muck. Schon der erste Biss lässt sie interessiert aufhorchen. Dafür lässt sie auch sofort das schönste Gras stehen, welches noch soeben das Ziel ihrer Wünsche darstellte. Zwischen den Bissen muss ich meinen Apfel hinterm Rücken verstecken, doch selbst dort ist er nicht sicher. Denn Muck weiß, dass er da ist. Sie schnüffelt an meinem Mund und findet, ich könnte auch mal wieder ein Stück davon abgeben. Nach und nach schmeichelt sie mir den Rest aus der Hand. Und ich kann froh sein, wenn ich wenigstens die Hälfte des Apfels selbst gegessen bekomme ...
Klar, ich weiß, mit strenger Erziehung könnte man solche Belästigungen sicher im Keim ersticken. Aber

dazu finde ich ihre Bemühungen einfach viel zu lustig, als dass ich ihr die Nachfrage ganz verbieten will. Und natürlich teile ich auch gern mit meiner Muck.

Als Uwe nach der Pause aufsitzen will, rutscht ihm der gesamte Sattel mit einem Ruck entgegen. Sein Fuß steckt noch im Bügel! Ich greife Wilma sofort in die Zügel, halte sie fest, und so gelingt es ihm, sich aus dem Schlamassel zu befreien. Wir sind beide geschockt. Das hätte schlimm ausgehen können! Wilma dagegen nimmt es mit Gleichmut und macht bei der ganzen Aktion … gar nichts. Wir brauchen ein Weilchen, um uns von diesem Schock zu erholen und natürlich von den Bildern, die man dann in den Kopf kriegt: Was hätte da alles draus werden können! Pelle wäre im Karee gesprungen, da sind wir uns sofort einig.
Offenbar hatte Uwe nicht mehr nachgegurtet. Dass dann der Sattel komplett mit Reiter runterrutscht ist sozusagen der worst case. Und wir können nur froh sein, dass das nicht beim Reiten und bei mehr Bewegung passiert ist!

Ab jetzt geht es zu einem wundervollen, schattigen Waldweg, der uns quer durch die Bäume auf direkten Weg Richtung Hipstedt bringen soll.
Schon der Einstiegsweg jedoch hat es in sich. Er ist rutschig, schlammig und hat tiefe Furchen. Ich muss vorlaufen, hüpfe durch den Schlamm, mache Muck Vorgaben, wo sie am besten laufen könnte. Uwe dagegen sitzt auf Wilma und lässt sie einfach machen, während ich nun ganz schön zu kämpfen habe.
Muck zeigt sich von meinen Bemühungen jedoch völlig unbeeindruckt. latscht einfach mitten durch den tiefsten Schmodder, hat wahrscheinlich ihren Spaß daran, mich hüpfen zu sehen, und stoppt sogar mittendrin, um lange aus einer der tiefen Schlammpfützen zu trinken … während ich versuche, mich auf einem schmalen Erddamm in der Mitte zu halten.
Als wir endlich vor dem Abzweig anlangen, zu dem ich wollte, und der gleichzeitig besagten Weg durch den Wald und direkt Richtung Hipstedt führt, stehen wir … vor einer Schranke. Und genau dahinter ist der wundervolle, grasbewachsene, gerade und

sonnenbeschienener Waldweg! Unsere Abkürzung also.

Schranke ist natürlich nicht gleich Schranke. Manche haben nur einen symbolischen Charakter, vor allem für Autos, und bedeuten einfach nur: hier bitte nicht durchfahren. Sie gelten nicht für Fußgänger:innen, Radfahrer:innen oder Reitersleute. Meistens gibt es außerdem einen machbaren Weg außen herum.

Doch diese Schranke hat es in sich. Sie ist mit einem schweren Eisenschloss gesichert, abgeschlossen, und befindet sich gut eingerahmt von zwei tiefen Gräben rechts und links des Weges. Ich kann einfach nicht glauben, dass es das nun gewesen sein soll!

Ich bitte also Uwe, die Pferde zu halten, um nach einem Durchweg zu suchen. Durchs Unterholz würde man tatsächlich auch noch irgendwie die Schranke umrunden können. Gut, ein paar Äste müssten weggeknickt werden, und wir müssten sehr darauf achten, nirgendwo mit unserer Ausrüstung hängen zu bleiben. Doch kein Weg führt über den tiefen Seitengraben des Weges wieder zurück auf diesen ... Ich gebe auf.
Uwe mag das kaum glauben, will selber auch einmal nachsehen. Wir versuchen sogar, die Schranke zu bewegen .... Denn das hat ja beim Pfingstausritt auch schon mal geklappt. Aber leider ist hier tatsächlich nichts zu machen. Wir finden keinen Weg daran vorbei, und die Schranke lässt sich nicht öffnen. Das war's. Hier geht es nicht durch. Ich bin total enttäuscht.

Der Blick auf den Trecki behauptet: wenn wir dem schlammigen Weg weiter in den Wald folgen würden, müsse ein weiterer Weg parallel zu diesem hier abgehen. Ist das einen Versuch wert? Wir einigen uns darauf, dass wir das Abenteuer wagen wollen.

Immer tiefer in den feuchten Wald geht es nun in verkrautetes, lange nicht genutztes Gebiet. Es wird immer nasser. Je tiefer wir diesem Schlammweg in den Wald folgen, desto tiefer, sumpfiger und unwegsamer wird es. Teilweise umrunden wir wirkliche Schlammlöcher, müssen über umgestürzte

Baumstämme, können durchs Unterholz in den Wald ausweichen. Doch irgendwann geht auch das nicht mehr. Wir kämpfen uns weiter, doch es wird immer sumpfiger, unwegsamer und gefährlicher.

Ein, zweimal gehe ich fast zu Boden, will Muck einen besseren Weg anbieten. Mal lässt sie sich darauf ein, dann wieder nicht. Sie läuft, wie sie will, ist rastlos, unwirsch, zieht mich viel zu schnell vorwärts. Muck will jetzt da durch und es offenbar hinter sich bringen! Doch daraus wird nix.
Irgendwann muss ich einsehen, dass es einfach nicht mehr vorangeht. Wir stecken fest, es geht nicht weiter. Vor uns liegt nur noch Sumpf! Der gesamte Weg vor uns liegt unter Wasser. Der eingezeichnete Weg ist nirgendwo zu sehen – vermutlich längst vollkommen zugewachsen. Wir müssen umkehren. Also: alles wieder zurück!

Es ist eine große Anstrengung, sich wieder die gesamte, unwegsame Strecke zurück zu kämpfen. Am Ende bin ich völlig außer Atem, schlammbespritzt und voller neuer Schrammen. Die Pferde sind zufrieden, kaum dass sie wieder auf festem Boden sind! An genau derselben Stelle wie zuvor machen wir vollkommen erschöpft Pause. Die zwei finden das klasse. Ich bin völlig fertig und vor allem wahnsinnig enttäuscht.
So ein Sch …, da so eine Schranke hinzubauen! Der tolle Weg – die gewünschte Abkürzung – alles war zum Greifen nah. Und doch halfen all unsere Bemühungen nichts. Wir sind keinen Schritt näher an Hipstedt herangekommen.

Nun müssen wir also den Weg außen herum, um den Wald herum nehmen. Er ist fest, trocken und mit Rollsplitt befestigt. Eigenschaften, die ich nach unserer abenteuerlichen Wegsuche im Sumpf nun durchaus zu schätzen weiß. Ich mache mir vor allem Sorge, was ich damit meiner Muck angetan habe. Hoffentlich hat sie durch dieses Abenteuer keinen Schaden genommen!

Die Abkürzung durch den Wald entpuppt sich als
schlammiger Weg, der mitten in den Sumpf führt

Immerhin bieten kleine Bäumchen immer mal wieder Teilschatten und damit eine gewisse Linderung vor der Hitze. Im großen Bogen geht es nun um den Wald herum und schließlich in deutlich bewirtschaftetes Gebiet. Wir sehen die ersten Häuser in einiger Entfernung. Da entschließen wir uns, eine weitere Pause einzulegen.

Ich bin echt fertig. Es ist alles viel zu heiß, und ich kann einfach nicht mehr aufhören, zu schwitzen. Mein nasser Waschlappen verschafft etwas Linderung. Ich lege ihn mir in den Nacken und auf den Kopf, unter den Hut. Natürlich wird er aber viel zu schnell warm und passt sich der Außentemperatur an. Wir beobachten Raubvögel, trinken, lassen die Pferde grasen.

Auch wenn es gerade alles etwas viel ist ... Wir befinden uns an wunderschönen Orten, die wir sonst nicht entdeckt hätten, so viel ist sicher. Hinterher, so tröste ich uns beide wieder, ist alles nur noch eine gute Geschichte. Und all die Mühsal wird irgendwann vergessen sein. Und Glück im Unglück: Die neuen Wanderschuhe sind wasserfest. Ich habe noch immer trockene Füße darin, obwohl ich in manches Schlammloch und sogar einmal ins Wasser getreten bin.

Wir erreichen den Rand von Hipstedt. Links von uns taucht der Waldausgang mit dem idyllischen, grasgrünen Weg auf – von dieser Seite aus ohne Schranke. Es bleibt ein ‚Schade‘-Gefühl. Dieses Erlebnis zeigt uns mal wieder, wie wenig Karten und Satellitenbilder einem alle Unwegsamkeiten zeigen können, und wie sinnvoll es darum ist, alles persönlich und direkt vorher zu Fuß abzulaufen, um keine unschönen Überraschungen erleben zu müssen.

Wie auch immer, wir haben es endlich geschafft. Hipstedt liegt vor uns, wir haben asphaltierte, feste Straßen erreicht und bewegen uns nun auf der Dorfstraße in die Richtung unserer nächsten Station. Es ist nicht mehr weit.

Muck merkt meine Erleichterung und Zuversicht, und das überträgt sich auf sie. Sie wirkt wieder wacher und entspannt, scheint nun selber Ausschau nach unserer neuen Bleibe zu halten. Was für ein tolles Pony!

Endlich kommen wir an, dürfen im Stall Sättel und Ausrüstung auf zwei Holzböcken stapeln und bekommen dann unsere tolle Gastweide gezeigt: eine Weide mit Schatten und Bäumen. Das wird vor allem Wilma freuen!

Doch dafür müssen wir erst einmal an zwei Schweinen vorbei. Schweine, iiih! Muck mag die Tiere so gar nicht. Sie sind unheimlich und riechen streng. Die Schweine haben ihren Auslauf jedoch direkt neben ihrer Gast-Koppel, und so können wir uns noch eine Weile darüber amüsieren, wie die beiden mit steifen Hälsen und skeptischem Blick zu den seltsamen Viechern hinüberstarren.

Leider hatten wir vergessen, Strom zu legen. So ist unser Wohnwagen nun eine Sauna. Da werden wir lange nicht hineinkönnen! Unsere Gastgeber:innen laden uns in ihren Wintergarten ein. Wir kriegen etwas Kaltes zu trinken und können von hier aus unsere Pferde beobachten und sehen, wie gut es ihnen geht. Angekommen!

Er ist Elektriker, sie tierärztliche Assistentin. Sie erkundigt sich nach Mucks Diagnose und merkt an, dass mein Pferd viel zu rund ist. Ich weiß das natürlich, bin dennoch zerknirscht. Ach Mensch, ja. Aber wie soll man trainieren und Sport mit einem Pferd treiben, wenn man nicht jeden Tag die Zeit dafür hat und das Pferd selbst obendrein gehandicapt ist?

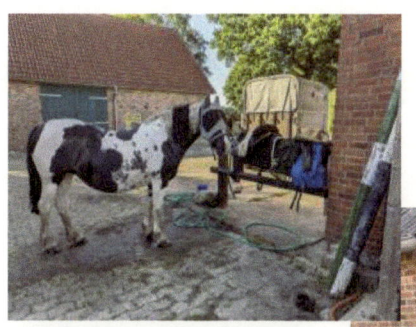

Angekommen
in Hipstedt

Weide, Wasser und sogar Heu -
schon ist für unsere Ponys die
Welt in Ordnung

Iiiiih, ein Schwein!

169

Der vierte Tag

Samstag 9.September 2024 - 16,3km

Hipstedt via Alfstedt

Muck vandaliert, Dschungel, Rastplatz unter Urbaum,
Schranken und Dornengestrüpp-Abkürzung

Die Morgen auf unseren Wanderreittouren sind oft sehr
besonders. Auch an diesem Morgen ist das so:
Nebelbänke bringen die Strahlen der Morgensonne zum
Leuchten, brechen sie, tauchen alles um uns her in ein
diffuses, besonderes Licht.
Der Paddock neben unserem Wohnwagen dampft, und
in den Nebelschwaden bewegen sich die Umrisse der
Pferde. Mir kommt unmittelbar die Assoziation zu den
weiten Steppen Amerikas und Herden wilder Mustangs.
Wirklich wie in einer anderen Welt!

Der erste Blick aus dem Wohnwagenfenster, der erste
Kaffee in neuer Umgebung, während wir noch in
unseren kuscheligen Betten liegen ... und man weiß die
eigenen Pferde gut versorgt und in unmittelbarer Nähe.
Besser kann man eigentlich nicht aufwachen.

Mein Morgengang bestätigt mir, es fehlt ihnen an
nichts. Muck und Wilma begrüßen mich mit
freundlichem Gegrummel und haben ansonsten auf
ihrer kleinen Weide mit dem schönen alten
Baumbestand nichts auszustehen. Ich versorge sie mit
etwas Heu und kann nur lachend dabei zusehen, wie
Muck und die Schweine sich gegenseitig argwöhnisch
begutachten. Komische andere Spezies!

Frühstück am Paddock mit fremden Mustangs

Ich schreibe Reisetagebuch, während Uwe
unsere Hausarbeit erledigt

Dann genießen wir unser Frühstück an diesem besonderen Platz. Haben wir schon jemals unter einer Trauerweide gefrühstückt? Ich hole mein Reisetagebuch und trage beim dritten Kaffee den gestrigen Tag nach, während Uwe sich ums Aufräumen und den Abwasch kümmert - so ist unsere derzeitige Aufgabenverteilung.

Dann geht es auch schon weiter mit unserer Basis – Richtung Alfstedt. Wir fahren um 10 Uhr los, weil wir wissen, dass die heutige Tour lang werden wird. Die Straßen dorthin sind wellig und voller Schlaglöcher. Da ich hinter Uwe und dem Wohnwagen herfahre, kann ich dabei zusehen, wie unser ‚Ei‘ auf der Straße herumschlingert, die Deckenlampe schaukelt, und wie die Dinge durcheinandergeworfen werden und von den Regalen rutschen. Na ja. Zum Glück sind es keine zerbrechlichen Sachen, nur Decken, Schlafsäcke und solche Dinge.

Wir landen auf einem Hof, der sich ‚Neuland-Ponyhof‘ nennt, und dort dürfen wir auf einer Wiese neben den Hof ziehen. Tatsächlich wird sogar unsere Stromleitung bis hinüber zu dem etwas weiter entfernten Schuppen des Hofes reichen. Da jedoch gerade niemand da ist, müssen wir das Einstöpseln auf abends verlegen.

Zu dieser Gaststation gibt es eine etwas verwirrende Geschichte: Über E-Mail hatte sich eine Frau aus Alfstedt auf meine Suchanzeige gemeldet. In ihrer Signatur stand ‚Neuland-Ponys‘ als Bezeichnung für ihre Pension. An dem Tag, an dem wir Wege rund um Alfstedt abfuhren, hatte sie jedoch gerade keine Zeit für uns. So suchte ich mir einfach den Hof selber über Googlemaps heraus, da er dort auch optimal eingetragen war, und fand ihn unter dieser Bezeichnung auch sofort. Nun konnten wir unsere Strecke also planen. Zu einem späteren Zeitpunkt verabredeten wir uns. Die Frau schrieb mir, nun passe es, es sei ‚jemand da‘. So fuhren wir direkt hin. Die nette Frau, die dann aus dem Haus trat, wirkte zwar etwas überrascht, zeigte uns aber bereitwillig den Hof und auch ein Plätzchen, wo wir sehr gerne mit unseren Pferden campieren könnten. Sie hatte einen anderen Namen als die, mit der ich mir geschrieben hatte. Aber ich dachte mir nichts dabei. Doch daheim fand ich eine E-Mail vor: Wo wir blieben und ob wir noch kommen würden? Ich fiel aus allen Wolken! Da waren wir also offenbar zu einem ganz anderen Hof in Alfstedt gefahren! Nun aber war es nun mal so, und ich sagte ihr darum ab - natürlich nicht, ohne uns sehr zu entschuldigen. Die nette Frau unserer alternativen Gaststation lachte später sehr über diese Geschichte und meinte, solche Verwechslungen seien schon einige Male vorgekommen. Es sei auch schon mal ein ganzer Pulk an Reiter:innen bei ihr aufgetaucht und habe behauptet, sie hätten sich angemeldet und würden erwartet. Die hatte sie dann leider weiterschicken müssen. Echt verrückt!

Die heutige Strecke ist mit ihren 13,4km im Grunde die längste. Das klingt nicht viel. Doch zu Fuß und mit Pferd an der Hand – dazu bei solch einem heißen Wetter – hat es diese Tagesetappe in sich. Von den ursprünglich 19,8 km hatte ich sie immerhin ein ganzes Stück weit reduzieren können. Doch der Preis dafür war, gleich anfangs für längere Zeit an der viel befahrenen Landstraße entlang zu müssen.

Der eigentlich geplante Weg wäre sehr viel angenehmer verlaufen! Ursprünglich hatten wir einen schönen Bogen durch den Tannenwald gegenüber, einen Bahnübergang bei einem Feldweg, und dann einen zugewachsenen Waldpfad über eine unscheinbare, jedoch sehr geschichtsträchtige Brücke geplant – über die Haselnussbrücke.
Der große Wald, den wir bald durchqueren wollen, ist nämlich der Hinzel. Und hier hatten die Nazis ihr ‚Sperrzeug'-Werk, lagerten Munition und verluden es im Schutze des Waldes am kleinen Bahnhof Hämelschenwalde. Keine rühmliche Vergangenheit also für solch einen schönen Wald!
Beim Ausbaldowern eines verwunschenen Waldweges hatten wir die Überwegung über einen Bachlauf mit der kleinen Brücke gefunden, welche völlig zugewachsen, sehr schmal und ohne jegliche Befestigung - außer der des gemauerten Torbogens - eine Strecke zwischen Hinzel und dem Bahnhof verband. Lediglich ein sehr

schmaler Erddamm führte zur Brücke, bestand nur aus etwas gestampfter Erde, und verlief sich dann im Wald. Teilweise war es dort sehr rutschig, die Äste hingen tief, und der Grat, auf dem man laufen konnte, war unglaublich schmal. Schon für Fußgänger:innen war das jetzt nicht so empfehlenswert. Für Pferde aber noch viel weniger.

Parallel zu dieser Brücke aber befand sich eine flache Furt, die so aussah, als könne man dort gut mit den Pferden hinein und auf der anderen Seite wieder hinausklettern. Das wäre ein schönes Abenteuer geworden! Anfangs war die Strecke ja noch mit Pelle und Muck geplant gewesen, doch auch Wilma würde das sicherlich schaffen, dort hindurch zu kommen.

Ich wunderte mich allerdings schon über die seltsame, nicht eben überzeugende Machart der Brücke und versuchte, mehr darüber herauszubekommen. Und bei meiner gar nicht so einfachen Recherche stieß ich dann tatsächlich auch irgendwann auf die Erklärung. Denn diese Brücke war nie wirklich als befestigter Weg, sondern lediglich für die schmalen Schienen von Loren angelegt worden, auf denen man die schwere Munition entlang und Richtung Bahnhof geschoben hatte ... Heute ging es für uns also in diesen geschichtsträchtigen Hinzel-Wald. Und da die Hitze des Tages schon wieder spürbar wurde, freute ich mich schon sehr auf den Schatten, den wir zumindest in der ersten Hälfte des Tages erwarten durften.

Als wir die Pferde zum Fertigmachen holen, stelle ich fest, dass die Fesseln von Muck wund aussehen. Das Laufen durch den feuchten Schlamm vom Vortag hat offenbar die Halteriemen der Hufschuhe an ihrer empfindlichen Haut scheuern lassen. Zum Glück habe ich einen Tiegel Melkfett dabei und creme die Haut gut ein, ehe die Hufschuhe wieder drauf müssen. Ich ärgere mich sehr über mich selbst! Hätte ich das nicht schon gestern sehen können? Dann hätte ich die Creme bereits gestern aufgetragen, und die Haut hätte mehr Zeit gehabt, sich über Nacht zu regenerieren. Nun muss es also so gehen. Ich hoffe nur, dass Muck dadurch nicht zu sehr beeinträchtigt wird. Denn ohne Hufschuhe geht es bei ihr ja leider nicht.

Um 11.45 Uhr kommen wir los. Wir sind also super in der Zeit, wie wir finden.
Zunächst bedeutet das – immer an der Straße entlang zu führen. Immerhin bekommen wir noch ein wenig Wind ab und hoffen, bei der schlimmsten Mittagshitze dann wenigstens endlich im Wald und im Schatten zu anzukommen.
Muck läuft gut. Sie scheint keinen Schaden genommen zu haben von der gestrigen Tour. Das erleichtert mich ungemein! Es geht rechts herum und auf eine noch stärker frequentierte Straße, die mitten durch den Wald Richtung Bundesstraße führt. Hier brausen die Leute mit 80 km/h und schneller entlang. Es macht wirklich keinen großen Spaß, hier mit Pferden unterwegs zu sein, Wald hin oder her!

Endlich, endlich taucht gegenüber der gesuchte Weg auf, den wir unbedingt als Einstieg haben wollten – grasgrün, verlockend, mitten in den Wald hineinführend und … mit Schranke. Ein Auto parkt beinahe mittig davor, sodass man nur knapp an diesem vorbeikommen kann. Doch das wird schon zu schaffen sein.
„Da kommen wir schon irgendwie durch", glaubt auch Uwe und ermuntert dazu, dass wir uns das mal näher anschauen. Doch auch diese Schranke ist wie die von gestern: abgeschlossen, durchgezogen bis an die tiefen Gräben rechts und links des Weges heran – und keine Möglichkeit, sie zu bewegen oder außen drumherum zu kommen. Wir schauen uns ratlos an.
Wir waren doch sogar diesen Weg abgelaufen, aber diese Schranke hatten wir seltsamerweise überhaupt nicht auf dem Schirm. War sie offen, als wir hier langgelaufen waren? War das Schloss vielleicht nicht dran gewesen, sodass wir abgespeichert hatten, dass wir sie würden öffnen können, und sie damit kein Hindernis darstellt? Seltsamerweise erinnern wir beide es nicht mehr.

Während wir die Schranke untersuchen, vermerken wir Spaziergänger auf dem schönen grünen Weg dahinter. Sie scheinen umgekehrt zu sein und zurück zum Auto zu wollen.
Wir müssen aufgeben. Wir kommen hier eh nicht weiter. Doch der Platz neben dem Auto ist sehr knapp, um unsere Ponys zu wenden. Wir müssen das natürlich trotzdem tun, und während wir uns nun auf dem engen Bereich umdrehen, höre hinter mir ein schnappendes, ungutes Geräusch. Muck ist gegen den Außenspiegel gekommen! Die sind aber heutzutage ja eigentlich so konzipiert, dass man ruhig dagegen kommen kann, und dann schnappen sie wieder in ihre Ausgangsposition. Mit anderen Worten: Ich überprüfe es nicht richtig, bin nur genervt davon, dass wir hier leider nicht in den Wald kommen und stattdessen nun einen großen Umweg und weiterhin an dieser unschönen Straße entlang laufen werden müssen.

Wir wechseln also wieder zurück auf die andere Straßenseite und ziehen weiter. Da hält auf einmal ein Auto neben uns. Es ist das der Spaziergänger. Ob wir da diesen Schaden am Außenspiegel verursacht hätten? Ohje ... Der Außenspiegel hängt tatsächlich herunter, ist irgendwie aus seiner Verankerung gerissen. Ich bin voll erschrocken, gebe das natürlich sofort zu und erkläre, dass es dafür ja glücklicherweise Haftpflichtversicherungen gibt. Der Fahrer ist ein älterer Mann, der nun aussteigt und ganz vernünftig mit uns redet. Zusammen mit Uwe versucht er nun, den Außenspiegel wieder in seine Verankerung zu schieben. Ich warte derweil mit den beiden Pferden am Zügel. Hinten im Wagen sitzt eine Frau mit einem Kind. Sie will wissen, wieso wir bei dem warmen Wetter die Pferde zusätzlich eine Decke überzögen? Ich erkläre, dass es keine Wärme - sondern Anti-Insektendecken sind. Wir kommen nun alle in ein nettes Gespräch. Sie fragen nach woher und wohin, Uwe und der nette Mann kriegen den Spiegel tatsächlich wieder hin, und er meint nun von selbst, dass da ja kein Schaden entstanden zu sein scheint. Zur Sicherheit tauschen wir aber trotzdem Telefonnummer und Adressen aus, und ich rechne damit, dass da noch eine größere Rechnung

auf mich zukommen wird. Das ist ja eigentlich immer so bei solchen Fällen.
Die Frau meint noch, Wilma sei ja ‚sehr nah am Hund'. Wir müssen sehr lachen. Sie meint damit, dass Wilma ungewöhnlich haarig und puschelig aussieht.

Schließlich verabschieden wir uns freundlich voneinander, und ich kann mich nur wundern, wie nett solch eine Begegnung auch ausgehen kann!

Endlich – nach viel zu langem Asphalttreten – finden wir den Einstieg über einen der nächsten Wege. Dessen oberste Schicht ist zunächst leider mit Rollsplitt und Schotter befestigt, und … hat leider gar keinen Schatten parat für uns. Er ist breit, die Bäume befinden sich nicht eng am Weg, und die Sonne steht hoch.
Ich leide wirklich. Meine Knochen tun mir weh, und mir ist wahnsinnig heiß. Ich schwitze im Grunde ununterbrochen. Nach einer Weile erreichen wir endlich einen angenehmeren Waldweg, grün, strauchig, zugewachsen und endlich auch – mit Schatten. Wir atmen auf. Endlich im Wald, so wie wir uns das gewünscht hatten!

Je zugewachsener der Weg wird, desto mühsamer ist er natürlich auch für mich zu laufen. Doch das nehme ich gerne in Kauf. Es ist einfach – endlich – schön hier. Am liebsten möchte ich ab sofort nur noch solche Wege haben!
Am Ende dieses Weges gibt es viel Waldgras und eine kleine Lichtung. Zeit für eine Pause. Doch Wilma hält davon gar nichts.
Fast im Annie-Drama-Style läuft sie rastlos hin und her, zieht Uwe in ständigen Runden um uns herum, kommt selbst nicht zur Ruhe … aber Uwe so natürlich auch nicht. Schließlich brechen wir ab. Schade für Muck und für mich! Wir wären gern noch ein Weilchen geblieben.
So ziehen wir weiter über einen breiten Forstweg, der uns nun in die richtige Richtung bringt und zu dem Abschnitt, auf den ich eigentlich schon die ganze Zeit über hinfiebere: einem wunderschönen Waldweg, mit Schatten und in einem nahezu urwaldartigen Abschnitt dieses Waldes.

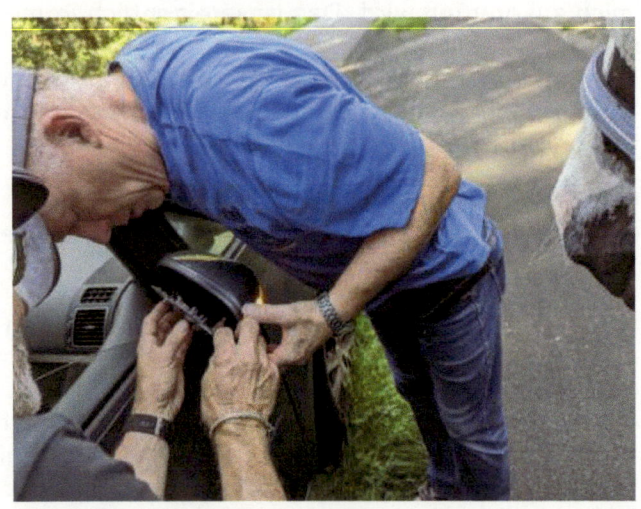

Muck demoliert einen Außenspiegel - und die Begegnung fällt
unerwartet freundlich aus

Endlich
gehts in den
Hinzel-Wald!

Ab in den Dschungel! Der verwunschene Teil
des Hinzel-Waldes.

Uhrzeit und Hitze bringen es mit sich, dass wir außer ein, zwei Spaziergänger:innengruppen kaum jemanden treffen. Offenbar haben wir den ganzen Wald für uns!

Wirklich verwunschen ist es hier, wie in einem Märchenwald: Der Boden ist dunkel und weich, knorzelige Bäume säumen den Weg, und überall sind alte Holzstämme, die teilweise umgefallen und liegengelassen worden sind, und über die Teppiche von Moos wachsen. Toll!

Muck läuft gut, aber sie zieht mich mal wieder viel zu schnell voran. Sie hat leider keine Muße und anscheinend auch kein Faible für die tolle Landschaft um uns herum. So muss ich mal wieder schneller laufen, als ich eigentlich möchte. Uwe dagegen ist aufgesessen und genießt den Wald. Mit dem Trecki in der Hand führe ich uns sicher durch den Dschungel.

Ich weiß, bald müssen wir einen besonderen Rastplatz am Waldrand erreichen. Er liegt ideal, ehe man wieder hinaus in die karge, heiße Felder- und Agrarlandschaft muss. Dort wartet ein ganz besonderer knorzeliger Baum auf uns. Endlich erreichen wir den Rastplatz – und müssen enttäuscht feststellen, dass er bereits besetzt ist.
Es gibt einen massiven Holztisch mit zwei Bänken, und ein Ehepaar mit Hund hat sich dort bereits niedergelassen. Sie wirken leider nicht so, als ob sie bald gehen wollen.
Ich jedoch brauche nun dringend eine Menschenpause, möchte mich auch einmal hinsetzen und die Pferde dafür irgendwo anbinden. Aber das ginge nur an der Sitzgruppe und wäre etwas sehr nah an den beiden, von denen ich nicht weiß, ob sie nicht vielleicht ein Problem mit Pferden haben. Schließlich spreche ich sie an und: Wir haben Glück. Nein, sie haben kein Problem mit den Pferden, rücken zur Seite und machen Platz. Wir dürfen die Ponys am Tisch anbinden und selber auch Platz nehmen.
Ich bin hochrot im Gesicht und kann einfach nicht

aufhören zu schwitzen, gieße mir Wasser über den Kopf, trinke, dann werden Äpfel mit den Pferden geteilt.

Ich hatte mich auf einige richtig schöne Fotos von uns und diesem Platz gefreut. Doch ich selber bin gerade leider keine Schönheit. Die Hitze setzt mir wirklich zu und macht mich fertig!

Das Paar erzählt davon, dass ein 18-Jähriger hier im Wald sein Unwesen treibe, indem er Nagelbretter auslege. Wie krank ist das? Auch gepflegter sei dieser Wald einmal gewesen. Aber jetzt würde hier nicht mehr so viel gemacht. Der Hund sei übrigens gar nicht ihr eigener, den würden sie sich nur hin und wieder aus dem Tierheim ausleihen, zum Spazierengehen. Mit Hund wäre Spazierengehen schöner. Aber ein eigener Hund sei einfach zu viel Verantwortung.

Unsere Ponys zappeln noch eine Weile herum, treten von einem auf das andere Bein. Schließlich begreifen sie, dass es so schnell nicht weitergeht. Also wird gechillt. Wilma begreift das schneller als Muck. Sie macht es vor: Unterlippe hängen lassen, Augen halb zu, ein Ruhebein anwinkeln, und mal einfach gar nichts tun. Muck tut es ihr schließlich nach, und nun haben wir zwei friedlich dösende Ponys am Tisch stehen, die teilweise sogar richtig in Kurzschlaf verfallen. Schön ist das, einfach zusammen zur Ruhe zu kommen!

Ich lege die Beine hoch, mache hin und wieder die Augen zu, und nur langsam koche ich wieder runter.

Leider müssen wir dann aber ja doch irgendwann weiter - hinaus in die knallige, heftige Sonne.
Über ein ruhiges Landsträßchen führen wir nun durch Felder, an einer Kiesgrube und bis nach Ebersdorf hinein. Kaum sind wir im Wohngebiet, schaut Muck in jede Einfahrt. Es ist ein wenig so, als wolle sie vorschlagen: ‚Hier ist es auch schön. Hier könnten wir doch bleiben. Oder hier ... Oder da...'

Rastplatz unter einem alten, knorzeligen Urbaum.

Einen Moment zur Ruhe kommen und chillen ...

Nach dem Überqueren einer Bundesstraße müssen wir nun eine Anhöhe hinauf. Nahe eines Gehöftes, direkt am Waldrand, machen wir unsere nächste Pause. Hier befindet sich ein kleines, privates Fußballfeld, an dessen Rändern wir die beiden grasen lassen. Wir haben unseren Spaß mit Muck, denn sie stupst dabei die herumliegenden Fußbälle durch die Gegend. Ein sehr neugieriges Pony habe ich da!
Von hier oben haben wir einen schönen Überblick über die tieferliegende Landschaft, über Feld und Wiesen, und sogar ein erfrischender Wind weht und lindert die Hitze. Als Nächstes wollen wir in den Wald, der hier zwischen Ebersdorf und unserem Ziel Alfstedt liegt.

Wir waren bereits hier, sind alles von der anderen Seite aus zu Fuß abgelaufen und hatten einen schönen, schmalen Trampelpfad gefunden, der genau an diesem Waldrand herausführte. Eine tolle Entdeckung, denn diesen Pfad gab es offiziell nicht, auf keiner Karte.
Nun näherten wir uns also von dieser Seite und würden von der Hütte des Schießstandes aus auf diesen tollen Pfad treffen – so dachten wir.
Wir fanden den Pfades auch, aber ... man hatte eine Schranke davor angebracht. Eine ernsthafte Schranke, mit Schloss, daneben eine Verengung mit einem Pfosten, seitlich gesichert mit Maschendrahtzaun, alles mit der deutlichen Aussage, dass hier – wenn überhaupt – höchstens Fußgänger hindurch dürften. Ein Pferd passte auf keinen Fall hindurch.
Auch diese Schranke konnte beim Ablaufen noch nicht da gewesen sein. Sie musste offen gewesen sein. Wie konnte man nur solch ein Pech haben? Wir hatten also auch hier wieder mal nicht die Chance, auf einen Weg zu kommen, den wir fest eingeplant hatten. Wie also nun weiter?

Uwe war aufgesessen, ritt nun ein wenig hin und her, um zusammen mit Wilma hinter dem Gebäude des Vereins einen Durchgang zu finden, den wir nehmen konnten. Endlich fand sich auch einer. Mein Trecki zeigte ja, wo wir uns gerade befanden und auch, wo wir hin wollten. Auf dem Display sah natürlich alles ganz easy aus. Es war eine nur kurze Distanz, die wir uns nun durchs Unterholz kämpfen müssten, um auf den gewünschten Weg zu gelangen.

Gut also. Dann mal los.

Anfangs lief es sich noch gut an. Ein völlig zugewachsener Waldweg schien in die richtige Richtung zu führen ... doch es führte nur zu einem Maisfeld. Selbst wenn hier einmal ein Durchweg gewesen sein sollte, jetzt war er jedenfalls nicht mehr da! Also wieder zurück. Nun übernahm Uwe die Führung.

Ich gab die grobe Richtung vor, die ich durch den Trecki sehen konnte, Uwe wiederum hatte von Wilmas Rücken aus einen besseren Überblick als ich und gab von dort Anweisungen, wo man am besten durchkommt: „Da rechts kommst du besser durch, jetzt nach links" usw. Doch nun wurde es immer sumpfiger, und wir konnten in einiger Distanz einen Teich durch die Bäume schimmern sehen. Hier konnten wir auf gar keinen Fall lang. Also wieder zurück ...

Jede Orientierung ist in diesem dichten Strauchwald völlig unmöglich. Ohne Uwe und den Trecki wäre ich völlig verloren gewesen. Uns blieb schlussendlich nur noch der Weg durch ein dorniges Feld mit Brombeerbüschen und kratzigen, trockenen Tannenzweigen hindurch.

Ich habe meine liebe Not: Muck ist ungeduldig, zerrt mich vorwärts, ist unwirsch und zappelig, gönnt mir wenig Ruhe, um den jeweils nächsten Schritt zu überlegen.

Ich hatte eigentlich nicht erwartet, dass wir wieder durch Dorngestrüpp müssten, und darum aufgrund der Hitze noch immer meine Shorts an. Das war dann wohl ein Fehler ...

Wir kämpfen uns durch, und ich nehme irgendwann einfach keine Rücksicht mehr auf meine Beine. Sie brannten eh schon. Durch mussten wir, und dann tauchte auch endlich der Weg vor uns auf. Puh!

Ich japse, muss erst einmal wieder zu Atem kommen. Meine Beine sind völlig zerkratzt und zerschunden. Am Vortag waren meine Waden und Schienbeine ja auch schon ordentlich von Dornen geritzt worden, doch nun sind meine Beine zusätzlich kreuz und quer mit blutigen Striemen übersät. Aber ... wir sind auf dem befestigten Forstweg angekommen, auf den wir hatten treffen wollen. Ab nun ist alles wieder eindeutig, aber leider auch wieder langweiliger.

Nun haben wir nur noch endlose Asphaltstraßen vor uns, immerhin manchmal mit einem Grasstreifen. So gehts nach Alfstedt hinein und durch mehrere Gehöfte hindurch, dann eine laaaange asphaltierte Feldstraße wieder Richtung Felder und auf unser Ziel zu.
Das ist wirklich eine Charakterprüfung! Wir laufen immer in der Sonne, haben kaum Schatten. Ich habe Fuß- und mittlerweile schlimme Hüftschmerzen. Eigentlich kann ich nicht mehr. Ich würde mich am liebsten hinsetzen und von irgendwem abholen lassen. Aber das läuft so natürlich nicht.
Ich hatte ja gesagt, dass ich notfalls alles laufe. Also muss ich laufen.

Uwe will mich entlasten, nimmt Muck an die Zügel, dass ich wenigstens frei gehen kann, ohne mein Pferd auch noch führen zu müssen. So humpele ich jammernd und maulend hinterher.
Beim Ankommen werden die beiden schnellstmöglich auf die Weide entlassen. Als ich Muck ihrer Hufschuhe entledige, stelle ich fest, dass sie einen der Riemen verloren hat. Gott sei Dank ist der Hufschuh aber dran geblieben. Den muss sie sich in dem Dornengestrüpp abgezogen haben. Zum Glück habe ich Ersatzriemen eingepackt und werde den fehlenden ersetzen können.

Dieses Mal denke ich daran, ihre Fesseln gleich im Anschluss dick mit Wund- und Brandsalbe einzucremen. Tatsächlich sieht die Haut aber auch schon gar nicht mehr so wund aus. Puh!
Der Tiegel mit der Creme hat leider auf der letzten Station gelitten, da er aus Versehen vom Treckerreifen des Hausherrn überfahren wurde. Nun muss ich also bei der Wärme mit diesem zerbrochenen Fetttiegel klarkommen, und wickle ihn ab sofort zusätzlich in eine Tüte ein, damit nicht alles zerfließt. Ibäh, eine schmierige Angelegenheit!

Uwe nimmt mir Muck ab, denn ich
kann nicht mehr ...

Abendstimmung an unserem Übernachtungsplatz in Alfstedt

Dann falle ich nur noch hinter den Wohnwagen in den Schatten und kann nicht mehr. Ich bin fix und fertig. Aber wir sind stolz auf unsere Viererherde! Das war die längste Strecke bei dieser Tour, und wir haben es geschafft. Tschaka!

Ich kriege ein kaltes Bier aus dem Kühlschrank, Uwe sein Malzbier. Danach muss ich für eine Weile einfach die Augen zu machen, so erledigt bin ich.
Unsere Ponys weiß ich gut versorgt, sie haben eine fette Weide, Wasser … und leider viel zu viele Insekten. Natürlich gehen die Mistviecher nun auch auf uns los. Unser Wohnwagen hat sich über Tag aufgeheizt, ist mal wieder eine knalleheiße Sauna, sodass man nicht hinein kann. Uwe kümmert sich und kriegt den Strom angeschlossen, so dass Kühlschrank und Ventilator endlich ihre Arbeit aufnehmen können.
Wir beschließen, jetzt nicht mehr loszufahren, um den Twingo nachzuholen. Das muss bis morgen warten. Und morgen wird ja auch unsere Strecke kürzer ausfallen, was heißt, dass wir dann mehr Zeit für alles haben. Wir kleben am ganzen Körper, sprühen uns mit Insektenspray ein – erst uns, dann die Pferde. So kommen wir allmählich alle zur Ruhe. Die Ladys bekommen ihr Futter mit einem halben Bier serviert, dann trollen sie sich.

Nun finde ich Zeit, mich selbst zu verarzten. Ich habe Blasen an den Fußsohlen und vor allem an den Zehen, die nun mit Wundsalbe und Pflaster verarztet werden müssen. Auch die Striemen desinfiziere ich, damit sich nichts entzündet. Die Beine unserer Ladys haben glücklicherweise keinerlei Schaden genommen. Das ist wirklich erstaunlich. Wofür Fell doch so gut ist! Offenbar hat es ihre Haut gut vor den Dornen und pieksenden Tannenzweigen geschützt.

Langsam wird die Luft erträglicher. In der Ferne beginnen die großen Windräder zu blinken, und wir werden mit einem unglaublichen Sonnenuntergang belohnt - sehen dem aufsteigenden Nebel zu, vor dem

weiße Kondensstreifen von Flugzeugen abgefahrene
Muster an dem orangenen Himmel zaubern.

Wir reden über die bestandenen Abenteuer. Dass man
Wege so gut und so knapp vorher abfahren kann, wie
man will ... Doch gegen plötzlich abgeschlossene
Schranken sind wir einfach machtlos. Das ist uns in
dieser Häufung noch bei keiner Wanderreittour
begegnet!
Ich bin aber auch von unseren beiden Ponys schwer
beeindruckt. Da Uwe nicht so den Vergleich zu anderen
Pferden hat, ist es ihm nicht bewusst, aber: sie waren
ungewöhnlich tapfer, haben vorbildlich Ruhe bewahrt
und wirklich Nerven bewiesen!
Mit meinem ersten Pferd - einem Hannoveraner - durch
solch ein unwegsames, unübersichtliches Gelände mit
pieksenden und kratzenden Dornengestrüpp und
Zweigen, die einen überall berühren, in der Bewegung
einengen wird, und wo man den Boden kaum sehen
oder einschätzen kann? Nie im Leben! Abraxas hätte
Panik bekommen und die Nerven verloren. Das hätte
ich nicht einmal zu versuchen brauchen, dort mit ihm
durchzukommen!
Unsere beiden Tinkerladys hatten echte Nervenstärke
bewiesen, und das macht mich ganz schön stolz. Für
Wilma war das vermutlich auch neu. Hinzu kommt,
dass die Pferde ja sofort merken, wenn man selbst
keinen Plan hat und etwas verloren agiert. Solch ein
Zustand ist für sie in der Regel schwer zu ertragen.
Denn wenn die Führung ratlos ist, werden sie meist
unruhig und wollen diese dann an sich reißen. Das ist
einfach Überlebensinstinkt.
Doch beide haben sich einfach vorbildlich verhalten.
Wenn Muck dann dabei auch mal unwirsch und
ungeduldig mit mir wird, sehe ich ihr das gern nach.

Als es dunkel wird, wird es auch langsam erträglicher.
Blinkende Flugzeuge und Satelliten ziehen über den
prachtvollen Sternenhimmel, der uns hier überspannt.
Es ist unglaublich idyllisch und mal wieder einfach
unbezahlbar, was wir hier geboten bekommen!
Ich spüre meine Knochen, denke aber schon gar nicht
mehr an all die Strapazen, die wir hinter uns gebracht

haben. Wir haben es überstanden, und hier ist es jetzt
einfach nur noch schön!
Bei Campinglicht und Kerze wird Erbsensuppe erwärmt,
und als ich ins Bett gehe, kann ich gerade noch zwei
Stück Schokolade essen, dann will ich nur noch
schlafen. Hannah hat fertig.
Natürlich sind etliche Mücken auch in den Wohnwagen
eingedrungen und nerven nun. Uwe kämpft mit ihnen,
dass der ganze Wohnwagen nur so wackelt. Aber mir ist
alles zu viel. Ich habe dafür keine Energie mehr übrig.
Als schließlich eine der Minimücken mir in die Nase
fliegt, bin ich bedient. Ich lege einfach mein dünnes
Baumwoll-Halstuch übers Gesicht, und so schlafe ich
ein.

Sonnenuntergang in Alfstedt

Der fünfte Tag

Sonntag 10.September 2024 - 10,5 km

Alfstedt via Armstorf

Asphalt, Maiswüste, Übernachtung mitten im Dorf,
Einweihung des Klozeltes

Eine wunderschöne Stimmung umgibt uns am frühen
Morgen. Nebelbänke wabern über die weite Pferdeweide
hinter dem abgetrennten Teil, den unsere Pferde
nutzen. Wir können von hier aus weit blicken über
sanfte, endlose Wiesen.

Man fühlt sich bei solch einem Anblick wie allem
enthoben. Und nichts erinnert mehr an die Mühsal des
Vortages.
Kaum bewegen wir uns im Inneren unserer Nussschale,
schon rücken die Ladys näher. Draußen ist es
superangenehm. Wir werden gemütlich, sitzen länger
als sonst draußen an unserem Campingtisch und
genießen die kühle Luft.
Wilma rückt uns auf die Pelle, will sich anfangs sogar
am Wohnwagen schubbern. Da sie gleichzeitig heftig
gegen Insekten kämpft und nach ihnen tritt, ist ihre
Nähe nicht unbedingt ungefährlich. So müssen wir ihr
leider einen Platzverweis erteilen.

Wir hatten diese Strecke einmal halbieren müssen,
damit unsere Tour auch für Muck und mich machbar
wurde. Die tollen Sandwege, die wir ursprünglich
abgefahren waren, galten nun leider nicht mehr. Wir
würden also nun eine völlig andere Strecke nehmen
müssen, und dafür müssten wir auch dieses Mal wieder
mit viel Asphalt vorliebnehmen.

Morgennebel in Alfstedt

Durch Abfahren und Herumfragen hatten wir einen netten Jungbauern in Armstorf gefunden. Er besitzt eine Kuhweide mitten im Dorf – quasi auf dem Präsentierteller zwischen den Wohnhäusern – und dies würde also unser nächstes Plätzchen zum Campieren werden.

Hier würde definitiv auch zum ersten Mal das Klozelt zum Einsatz kommen, denn ungesehen würden wir hier wohl kaum einen Toilettengang mit dem Klappspaten machen können.

Um 13 Uhr kommen wir los. Das ist recht spät, verglichen mit der Aufbruchzeit der anderen Tage. Aber wir wissen ja, dass die heutige Tagesetappe nicht so lang sein wird wie die gestrige. Also alles gut.

Asphalttreten – also fester Boden – soll ja gut sein für Muck. Doch diese Streckenetappe besteht nun fast nur aus Straßen, und natürlich herrscht bereits wieder knalligste Mittagshitze, und wir haben kaum Bäume am Rande des Weges.

Es geht zwar schöne ruhige Landsträßchen entlang, und es gibt nur wenig Verkehr, aber die Hitze ist wahnsinnig anstrengend. Ich bekomme dabei so ein Afrika-Feeling, als würde ich durch die Savanne laufen. Aber es ist keineswegs nur positiv.

Die Pferde laufen mit hängenden Köpfen. Auch ihnen fordert Hitze und der harte Boden einiges ab. So kommt einem die Strecke doch schnell sehr viel länger und herausfordernder vor, als wenn wir durch angenehme und abwechslungsreiche Landschaft laufen würden.

Endlich ein Lichtblick: ein Wäldchen!

Im Schatten machen wir eine erste Graspause und lassen die beiden nach den schmackhaftesten Grasbüscheln fahnden, während ich versuche, mich zu orientieren. Hinter irgendwelchen Hecken befinden sich Pferde, die unsere beiden dazu bringen, immer wieder aufzusehen und ihre Ohren zu spitzen. Ansonsten bewegt sich nicht viel in der Mittagshitze.

Im Wald sollte parallel zur Straße ein Weg verlaufen. Es ist nur eine kurze Strecke, aber besser als nichts. Alles erscheint uns mittlerweile angenehmer zu sein als eine Straße! Wir fädeln uns also in den Waldweg ein, der sich als wirklich schön und angenehm entpuppt. Es ist schattig, und der Tannenwald um uns her ist licht. Die Pferde werden sofort wacher, heben die Köpfe, und wir alle erholen uns so für einen kurzen Moment.

Dann geht es leider wieder zurück in die Mais-Wüste. Es ist schrecklich: heiße, schnurgerade Straßen, viel zu wenig Bäume oder Hecken, die Schatten spenden könnten. Ich bemerke bei einem Blick auf die Karte, dass auch hier wieder der eine oder andere Weg von den Maisfeldern verschluckt wurde und schlicht nicht mehr da ist. Es ist zum Haare-Ausraufen! Nun geht es leicht und stetig bergab, und wir sehen nichts als Mais vor uns – ein unendliches Meer, hoch, gelb, trocken und alles überdeckend. Man sieht kaum noch eine Struktur der Landschaft. Es ist fast, als erdrücke der Mais jede Art von anderer Vegetation. Und so ist es ja auch.

Anfangs läuft Muck ziemlich schlecht. War die gestrige Tour doch zu viel für sie? Uwe schaut die ganze Zeit sehr genau hin. Und ich hoffe inständig, dass es so etwas wie Muskelkater ist. Schließlich ist sie ebenso wenig im Training wie ich. Und zum Glück läuft sie sich auch ein.
Im Waldstück zieht Muck das Tempo wieder sehr an. Auf der Straße geht es dann eher langsam voran. Endlich, endlich können wir kurz vor Armstorf in einen Feldweg einbiegen und läuten eine zweite Pause ein. Hier sind auf der linken Seite große Büsche, und auf der rechten Seite eingezäunte, große Weideeinheiten. Es sieht fast nach Wiesen eines Zuchtbetriebes aus, wie ich finde - weitläufig und akkurat rechteckig mit vorbildlich gepflegten Zäunen. Aber sie sind leer und unbenutzt. Vielleicht dürfen die teuren Pferde bei der Hitze nicht raus, wer weiß. Unsere müssen …

Pause an der Kreuzung nach Armstorf

Ab in die Maiswüste!

Wasser und einen Apfel, mehr will ich bei der Hitze gar nicht. Und natürlich lässt mich Muck den auch nicht alleine aufessen.

Zweimal müssen wir uns zwischen die Büsche drücken, weil ein viel zu breiter Traktor durch will. Diese Riesenmonster passen kaum auf unsere Wege und Straßen, und doch werden sie mittlerweile überall gefahren und eingesetzt. Glücklicherweise haben wir jetzt zwei Ponys, die nicht einmal mit der Wimper zucken, wenn diese Monster vorbeirollen ...

Nun noch ein kurzes Stück, und dann wird links ein Weg kommen, der uns direkt von hinten an das Dorf Armstorf und unsere Gaststation heranführt.
Wir brechen auf und biegen in einen tatsächlich wunderschönen Gras-Naturpfad ein. Wow, was für eine Belohnung am Ende der heutigen Tour!
Muck gefällt es, sie spürt vielleicht auch schon die Zielgerade, jedenfalls macht sie schon wieder Nordic-Walking mit mir, und ich kann sie kaum zurückhalten.
Ob es der Weg ist, der eigentlich animierend und schön aber gleichzeitig auch anstrengend zu laufen ist?
Vielleicht will sie ihn nur mit einem bestimmten Tempo absolvieren. Der Weg wird immer welliger, verkrauteter, hochwachsende Kräuter und manche Dornen erschweren das Vorankommen.
Ich komme außer Atem, kämpfe mich unter großen Anstrengungen voran, kann sie kaum halten. Je näher wir an das Dorf herankommen, desto schwieriger wird das Durchkommen. Ich komme an meine Grenze, begreife dadurch nun aber auch sehr viel besser, was wir unseren Ponys mitunter doch einfach so unbedacht zumuten. Hier ist ein stetes Laufen nicht besonders leicht zu bewerkstelligen. Doch Muck zieht und zieht. Es wird mir schließlich zu viel, und so reitet nun Uwe mit Wilma vor, die nicht ganz so speedy ist. Dadurch kriegen wir das Tempo immerhin gedrosselt, und die Tortur wird so erträglicher.

An einem wohlhabenden Hof mit Herrenhaus und

erstaunlich weißem Kies in der Auffahrt geht es vorbei, dann kommen wir endlich an. Ich bin voll erschöpft! Diese Strecke hat mich echt geschafft. Uwe muss trotzdem noch – wie versprochen – mit dem Sohn des Jungbauern ein wenig Ponyreiten machen.

Ich mache gute Miene zu bösem Spiel, denn im Grunde reichen weder meine, noch die Kräfte meines Ponys für dieses Extra aus. Bewundernswert ist Uwe, der seinen ganzen Charme auspackt, mit dem netten Papa plaudert, dem Kind Mut zuspricht, Wilma bis zum Feldweg zurückführt, den wir gerade erst gekommen sind, und das Ganze wieder zurück. Ehrlich gesagt, ich wäre dazu nicht mehr in der Lage gewesen. Ich will nur noch ankommen ...

Endlich können wir die beiden auf ihre Weide entlassen. Die gesamte Ausrüstung darf runter, Muck wird eingecremt, und die beiden ziehen dankbar davon und erkunden interessiert ihre neue Übernachtungswiese. Das ist immer ein so schöner Moment: am Ende des Tages die Ladys in ihren wohlverdienten Feierabend zu entlassen und zu sehen, wie zufrieden sie von der vollkommen neuen Umgebung Besitz nehmen. Sie finden sich mittlerweile gut ein in die wiederkehrende Struktur unserer Wanderreittage.

Zunächst brauchen wir einfach nur etwas Zeit und eine Ruhepause für uns, sitzen lange, trinken, und vor allem ich warte im Schatten sehnsüchtig auf den Moment, in dem ich endlich aufhören kann, zu schwitzen.

Heute gibt es viel zu tun.

Erst wird der Twingo geholt, dann muss auch noch das Dusch- & Klozelt aufgebaut werden und das Klo hinein. Das kommt also zu dem üblichen ‚Gerödel' noch hinzu, welches man eh tagtäglich mit dem Verstauen der Pferdesachen und dem Installieren der Basis zu erledigen hat: die Campingmöbel herausräumen, aufstellen, Kaffeemaschine, Gasherd und Wasserkocher herausholen, einstöpseln und das Geschirr für abends hervorkramen. Während Uwe räumt, mache ich meine ersten Notizen und den Tagesbericht, um nichts zu vergessen, und schicke die ersten Bilder in unsere WhatsApp-Gruppe.

Am Ende des Tages
muss Wilma auch noch
Ponyreiten anbieten ...

Die Ladys inspizieren ihre Übernachtungsweide in Armstorf -
und wir nutzen erstmalig das Klozelt

Erstmalig nutze ich das Duschzelt als solches für meine Katzenwäsche: Ich nehme den Wasserkanister mit, einen Waschlappen, schäle mich aus den klebrigen Klamotten, kann anschließend in frische Unterwäsche und meine Schlafsachen schlüpfen. Herrlich! Was ein wenig Wasser doch bewirken kann!

Da es bereits dämmrig geworden ist, und ich im Zelt wenig sehen kann, muss ich eine Lampe mit hineinnehmen und bitte Uwe ‚Schmiere' zu stehen. Er tut es, aber etwas unwillig.
Ich verstehe nicht ganz, was ihm daran nicht passt. Ich kann von innen ja schlecht beurteilen, was und wie viel man von außen sieht, wenn ich mich da erstmalig wasche. Die Dorfstraße geht quasi um unsere Gastwiese herum, und so gibt es Fußgänger:innen und Autos, die hier in unmittelbarer Nähe verkehren.
Doch er kann mich beruhigen: es ist nicht viel zu sehen. Unser Dusch- & Klozelt hat sich also schon bewährt und ist vor allem für eine Station wie diese Gold wert.

Mittlerweile ist es dunkel geworden. Es gibt Linsensuppe bei Kerzenschein, und wir sitzen noch lange und schnacken.
Unsere Ladys haben offenbar einen Fan: ein altes Pony auf dem Nachbargrundstück ruft und wiehert nach ihnen. Muck antwortet nur einmal höflich, dann ignoriert sie es. Sie möchte jetzt doch lieber neben Wilma grasen und ihre Ruhe haben.
Kühe nebenan auf der Weide zu haben ist sehr nett. Sie rücken erst im Pulk näher, begutachten die Neulinge über den Zaun und rücken dann wieder ab. Unsere beiden Ponys nehmen die neuen Gegebenheiten gelassen hin. Sie besuchen sogar immer mal wieder eine kranke Kuh, die in einem extra abgegrenzten Teil direkt neben ihrer Wiese liegt, da sie nicht mehr aufstehen kann.

Wir haben da wirklich ein friedliches, schönes Plätzchen so inmitten des Dorfes!

Morgenstimmung in Armstorf

Noch kann man sich
im Schatten vor der
Sonne verstecken

Unsere ‚mobile' Sattelkammer

Der sechste Tag

Montag 11.September 2024 - 13km

Armstorf via Lamstedt

Uwe kommt an Grenze, 2x mutige Abkürzungen, Wilma
will nicht! Uwe wird zum Hulk - Deja-vu!

An diesem Morgen gibt es mehr zu tun als sonst:
Abwasch, alles aufräumen, Frühstück machen, und nun
auch noch das Klozelt und das Klo abbauen und
sorgfältig ‚verpacken'.

Uwe wird auf einmal alles zu viel. Er mag nicht mehr, ist
den Tränen nah. Da ich nicht reiten kann und damit eh
schon den anstrengenderen Part bei dieser Tour habe,
versucht er mir bereits die ganze Zeit über, den Rücken
freizuhalten.
Doch ihn selber erschöpfen anstrengende Tage wie der
gestrige natürlich auch sehr. Er fühlt sich mit der
ganzen Rödelei allein gelassen. Und es stimmt,
besonders aktiv bin ich bisher ja auch tatsächlich nicht
dabei. Wir reden darüber.

Allerdings mag ich auch kein schlechtes Gewissen
haben, nur weil ich längere Pausen brauche und mir
Zeit für unsere Tagesberichte nehme, während er das
Gefühl hat, durchziehen und mir den Rücken freihalten
zu müssen.
So schlage ich vor, dass er sich parallel dann auch
einfach mal ausruht und wir die ganzen Sachen im
Anschluss zusammen machen. Ich weiß, Uwe kann
Pausen nicht so gut füllen. Er hat dann das Gefühl,

noch nicht fertig zu sein, und das macht ihn unruhig.
Aber wir haben ja schließlich beide Urlaub, er genauso
wie ich ...

Nach dem Gespräch geht es ihm glücklicherweise
wieder besser. Wir vereinbaren, dass er ab sofort
versuchen wird, früher Bescheid zu sagen, wenn es ihm
zu viel wird. Bei all der Anstrengung war ich schon sehr
auf mich und Muck fokussiert, das stimmt. Und so habe
ich natürlich nicht so viel auf ihn geachtet.
Im Hinterkopf hatte ich ja auch immer den Gedanken:
Der Uwe kann ja jederzeit aufsteigen und reiten, wenn
es ihm zu anstrengend wird. Doch so einfach ist das
alles natürlich nicht. Und es geht ja um viel mehr als
nur um das Vorankommen, während wir Strecke
machen.

Bislang habe ich immer ganz selbstbewusst die Ansicht
vertreten, dass man auch alle Strecken zu Fuß
bewältigen können muss, die man für solch eine Tour
plant. Erstmalig muss ich dieses Versprechen einlösen,
und insbesondere bei einem so heißen Wetter hat das
Wandern es doch auch ganz schön in sich ...
Heimlich bei mir denke ich, dass es durchaus auch sein
kann, dass wir beide vielleicht bald zu alt für diese Art
von Aktivurlaub werden. Ich bin zwar erst 56, aber
Arthrose habe ich ja auch schon. Uwe ist immerhin 13
Jahre älter als ich. Ich kann nicht wirklich beurteilen,
wie viel anstrengender das Ganze bereits für ihn ist.
Denn er kommt mir drahtig und engagiert vor. Ich
nehme mir also vor, in Zukunft auch noch mehr auf ihn
zu achten.

Wir packen also gemeinsam zusammen und verlassen
mit unserem Tross die gastliche Dorfwiese. Die Mädels
stehen am Tor und schauen uns nach.
Das ist immer ein nicht so schönes Gefühl: sie allein
zurückzulassen, auch wenn es nur für wenige Stunden
ist. Die gesamte Ausrüstung fürs Reiten liegt hinter der
Hecke unter einer grünen Plane verstaut - unserer
,mobilen Sattelkammer' - und wartet auf unsere
Rückkunft. Wirklich abgesichert sind die teuren Sättel
damit nicht. Wir müssen einfach darauf bauen, dass in

den wenigen Stunden nichts geschieht und niemand unsere Sachen stiehlt.

Irgendwann, so nehme ich mir vor, will ich dafür auch noch eine bessere Lösung haben. Eine Art mobile Sattelkammer in Form eines abschließbaren Anhängers, den dann der kleinere Wagen ziehen können muss. So etwas muss man natürlich auch erst einmal passend finden und obendrein bezahlen können ...

Aber Ziele darf und soll man ja haben.

Beim Vorziehen unserer Basis nach Lamstedt bringt uns eine Sperrung der Straße völlig aus dem Konzept. Das alte Navi will uns immer wieder zurückschicken, bietet keine Alternativroute an.

So fahren wir einen riesigen Bogen rund um den Lamstedter Wald, damit es sich endlich umorientiert und eine andere Zuwegung zeigen kann.

Es geht vorbei an einer riesigen Tonfabrik, die hier die Tonkügelchen für Pflanzentöpfe produziert, dann biegen wir in eine bergan steigende, kleine Landstraße ein, die sich so stark schlängelt, dass man sich fast wie in den richtigen Bergen vorkommt!

Hinter jeder Kurve wartet ein anderer Anblick: Mal taucht ein Bauernhof auf, dann eine Schar neugieriger Highländer-Kuhköpfe am Zaun, dann ein Sumpf hinter dem Weidetor, dann der Ausblick auf eine Anhöhe.

Toll, wir werden auf einer Alm campieren!

Auch diese Station haben wir gefunden, indem wir hier herumgefahren sind und uns durchgefragt haben.

Idealerweise hat der Hof eine Kuhweide, direkt am Wald gelegen. Davor befindet sich ein Platz, an dem Schutt, landwirtschaftliche Geräte und Silageballen gelagert werden. Hier dürfen wir unseren Wohnwagen aufbauen, mit Blick auf die Kuhweide und den dahinterliegenden Wald.

Unsere Gastgeber sind eine nette Bauersfamilie mit Landwirtschaftsbetrieb, einem großen Hof, Kühen, Gänsen und sogar ein paar kleinen Ponys.

Ich freue mich schon jetzt sehr aufs spätere Ankommen mit den Pferden, denn wir werden von hinten durch den Wald gelaufen kommen. Unsere Ladys bekommen dann ein Stück der Kuhweide ab, und die netten Gastgeber:innen sagen zu, uns auch noch eine Tränke hinzustellen.

Dann geht es zurück: Pferde einfangen und an zwei Weidepfählen anbinden. Das geht besser als befürchtet. Denn da es eine Kuhweide ist, ist diese klassischerweise mit Stacheldraht eingezäunt, und ich hatte mir im Vorfeld doch Sorgen gemacht, dass die beiden herumzappeln und sich daran verletzen oder auch nur verheddern könnten. Doch unsere Ladys stehen ganz ruhig, und alles ist unspektakulär: die Ausrüstung unter der Plane hervorziehen, Fesseln eincremen, Hufschuhe anziehen, Sattel und Insektenschutzdecken drauf, Insektenspray an Bauch und Beine, Möhrchen und Äpfel als Motivationshilfe schnippeln, Wasser, Äpfel, Brot und Müsliriegel in die Horntasche. Nach wenigen Tagen ist das eine Routine, über die man nicht einmal mehr reden oder nachdenken muss.

Um 13.15 Uhr kommen wir los. Es ist jetzt schon wieder soooo heiß!
Erst einmal geht es durchs Dorf.
Wieder gilt es, eine neue Strecke einzuschlagen. Denn bei der ursprünglich geplanten Tour hätten wir ja auf einem tollen, reitbaren Sandweg einen großen Bogen um Armstorf herum machen können. Jetzt aber müssen wir erst einmal wieder einen guten Einstieg in die Landschaft finden.

Hinter den Häusern lockt der Wald. Meine App und auch die Karte behaupten, man könne zwischen zwei Häusern direkt auf einen Waldpfad treffen. Den suchen wir also nun. Der verzeichnete Trampelpfad führt jedoch offenbar über das Grundstück von jemandem. Wir zögern. Nicht jeder mag es, wenn fremde Pferde durch den privaten Garten latschen. Also schauen wir, ob es jemanden gibt, den man fragen könnte ...
Eine Frau hängt gerade neben dem Haus ihre Wäsche auf. Sie meint, der ,offizielle' Weg sei ein ganzes Stück weiter.
Da fragen wir, ob wir nicht doch abkürzen und hier hindurch dürften. Der Wald lockt uns, der Schatten ist

schon sooo zum Greifen nah! Sie ist deutlich nicht erbaut von unserem Anliegen, aber schlussendlich willigt sie dann doch ein. Gottseidank!
Die wenigen Meter dürfen wir also über ihren grünen Gartenrasen, dann tauchen wir auch schon zwischen den Bäumen in den Wald ein.
Uns geht es sofort besser!
Ein verwunschener Trampelpfad führt durch Tannen, dann treffen wir auf breiter angelegte Forstwege und finden die Verbindung eines weichen Wiesenweges in das nächste, größere Waldstück.

Im Grunde müssten wir nun zurück auf die Straße und dann außen herum um den Wald. Aber ich suche nach einer Abkürzung. Da kein Wasserlauf angezeigt wird, müsste man doch im Grunde auch anders hier hindurchkommen?
Wir befinden uns auf einem Forstweg, der im Grunde parallel zu der Landstraße läuft, auf die wir möchten. Es handelt sich also wieder mal nur um wenige Meter, nur um eine kurze Verbindung, die wir zwischen diesen beiden Wegen brauchen. Uwe ist skeptisch. Nicht schon wieder solch ein Abenteuer, wo man in Dornengestrüpp und Schlimmerem feststecken könnte! Doch der Blick auf die Karte überzeugt ihn schließlich.

Er war schon vor einer Weile aufgesessen und macht nun den Auskundschafter, trabt mit Wilma erst in die eine Richtung, dann in die andere. Und siehe da: Auch andere hatten wohl das Bedürfnis, hier ihre Wegstrecke abzukürzen, denn wir entdecken einen Trampelpfad in die richtige Richtung. Dem folgen wir risikofreudig - und siehe da - es geht nun durch lichten Buchenwald über dunkle Walderde direkt zu der gewünschten Querstraße. Tschaka, man kann ja auch mal Glück haben!
Damit haben wir ein ganzes Stück unerfreulicher und vor allem durch die Sonne ungeschützter Strecke vermieden. Wir machen eine Pause am Waldrand. Die Pferde fressen zwar, sind aber rastlos und zappelig. Woran das liegt, ist uns oft ein Schleier! Nach einer Viertelstunde haben wir genug.

Zwischen
Armstorf und
Lamstedt
versuchen wir
mutige
Abkürzungen

Nun geht es in die Hitzehölle.
Ich fühle mich wie in der Wüste von Timbuktu (in der
ich übrigens schon einmal war). Es ist heiß, kein
Schatten zu sehen, und der Sand des Weges reflektiert
die Sonne anscheinend auch noch von unten.
Es nutzt nichts, hier müssen wir durch. Also schalte ich
auf Ghandi-Modus. Die Hitze und das grelle Licht sind
so heftig wie im Hochsommer. Aber wir haben
September.

Ein kleines Wäldchen rettet uns auf unserer Strecke,
bringt Schatten und Erholung mit dem kurzen Stück
eines Waldweges. Das zweite Wäldchen ist pures
Abenteuer: Es wirkt irgendwie privat, aber zum Glück
gibt es keine Schilder, die einem die Passage verbieten.
Ein riesiger Steinhaufen liegt direkt vor der Mündung
des Weges, den wir nehmen wollen - vermutlich, um
ihn demnächst damit zu befestigen – doch er lässt sich
glücklicherweise umrunden. Und wir kommen
tatsächlich auf den eingezeichneten Weg dahinter,
welcher sich jedoch als völlig verkrautet und unwegsam
herausstellt. Wir kämpfen uns voran, umgeben von
dichtem Birkenwald und Strauchweg. Ohne Trecki
wären wir hier völlig verloren, obwohl dieses zeigt, dass
wir uns lediglich in einem schmalen Wäldchen inmitten
von Feldlandschaft befinden. Kaum jemand, der das
nicht einmal selbst mitgemacht hat, kann sich
vorstellen, wie schnell man in solch einer dicht
bewachsenen Landschaft die Orientierung verlieren
kann!
Das eine Mal verlieren wir den Weg, da hier Bäume
gefällt wurden, die eine dicht von Sträuchern umstellte
Lichtung geschaffen haben. Ohne das Trecki hätte es
garantiert sehr viel länger gedauert, die Fortführung
unseres Weges wieder zu finden. Es fühlt sich an, als ob
wir uns durch den Dschungel schlagen müssen.
Abenteuerlich! Und ich natürlich wieder mit kurzer
Hose, risikofreudig, wie ich bin. Doch bei der Hitze
konnte ich mich wieder nicht überwinden, eine lange
Hose anzuziehen …

Wir kämpfen uns durch hochgewachsenes Gras, Binsen, Brennnesseln und Brombeerranken. Besonders fies jedoch sind die eingewachsenen Kleinteile abgebrochener Äste und Baumstämme, die man kaum sehen, mitunter nur erahnen kann. Dieser Weg ist eine echte Herausforderung! Ich muss Muck fortlaufend dazu ermahnen, langsam zu gehen. Immer wieder zieht sie, will vorgehen.

Spürt sie vielleicht meine Skepsis und Zurückhaltung und glaubt, nun die Rolle der Leitstute für unsere Viererherde einnehmen zu müssen?

Mir kommt das fast so vor.

Ich muss sie immer wieder hinter mich schicken, damit sie besser aufpasst und an meinem Beispiel sehen kann, wo man am besten entlanglaufen kann – oder auch nicht. Da sind wir (noch) nicht optimal aufeinander eingestimmt. Mich stresst, dass sie so forsch ist. Muck stresst es offenbar, dass ich zögerlich vorgehe, wo sie lieber zügig hindurch würde. Aber: wir schlagen uns tapfer durch den Dschungel und überleben ihn!

Muck läuft im Grunde super und vor allem hoch motiviert. Ich habe ein verrücktes Pony. Sie liebt es, durch unwegsames Gebiet zu laufen! Ihre Augen sind wach und lebendig. Die gute Laune kann man ihr förmlich ansehen.

Eine kurze Pause gönnen wir uns im Schatten. Vor uns liegen befestigte Feldwege inmitten einer Maiswüste, ohne jeden Schatten. Das wird wieder schlimm werden! Wir gönnen uns also einen Moment, um etwas zu trinken, unsere Äpfel mit den Pferden zu teilen und sie zu loben. Toll, wie die beiden sich durchgekämpft haben, ohne sich auch nur einmal zu verweigern! Dann hilft es nichts: wieder ab in die Wüste.

Die Feldwege entpuppen sich als grobe, von der Hitze aufgeladene Schotterwege, wir sind umrahmt von hohem Mais und müssen an großen Windrädern vorbei. Das habe ich schon auf der Suche nach guten Wegen gelernt: in der Nähe von Windrädern gibt es immer schreckliche Schotterwege. Sie bilden die Zuwegungen zu den riesigen Windgesellen, auf denen die großen Maschinen sicher verkehren können müssen. Diesem Anspruch mussten bereits viel zu viele schöne und gut reitbare Wald- und Wiesenweg weichen!

Geradeaus liegt der Lamstedter Wald. Er sieht zum Greifen nahe aus. Doch die Maiswüste trennt uns noch immer von ihm.

Alle Wege laufen hier Richtung Rhade und von der Ortschaft aus strahlenförmig auseinander in alle Richtungen. Wir aber würden gerne quer von dem einen auf den anderen wechseln, um zügig zum Wald zu kommen. Doch da gibt es keine Verbindungswege. Ein Weg zuvor, den ich mir ausgesucht hatte, war - wie sollte es auch anders sein - bereits von der Maiswüste verschluckt worden.

Von hier aus müssten wir nun also 2km bis nach Rhade hinein, und dann wieder hinter dem Maisfeld denselben Weg zurück auf dem Parallelweg, nur einen halben Kilometer weiter Richtung Wald. Das ist doch verrückt! Ich bin gestresst von der Hitze, völlig überhitzt. Wir alle Vier schwitzen.

Dann sehe ich eine Nase aus Bäumen, die aus dem gegenüberliegenden Wald durch die Maisfelder hindurch ragt und in die Richtung unseres Weges zeigt. Könnte man da denn nicht ...

Um das herauszubekommen, muss man jedoch erst wieder ein Stück in die Gegenrichtung. Mir ist das alles gerade zu viel. Da sitzt Uwe kurz entschlossen auf und trabt mit Wilma bis dorthin.

Ich sehe, wie er vor den Bäumen stehen bleibt und Wilma zum Felsen wird. Er scheint sich einen Moment mit ihr zu streiten, steigt dann ab und verschwindet zu Fuß im Wald. Der Felsen Wilma bleibt, wo er ist.

Offenbar hat sie einfach den Motor ausgemacht. Sie will vielleicht nicht außer Sichtweite von Muck geraten, welcher ebenfalls das Auseinandergelaufe nicht gefällt, und die ihrerseits jetzt unruhig neben mir herum zappelt.

Wenn man so eng mit seiner Viererherde unterwegs ist, hat eine Trennung immer doppelt Gewicht. Auf der

Weide oder auch auf unseren üblichen Ausritt-Runden macht den beiden das nicht so viel aus, wenn sie mal die andere für eine Weile nicht sehen. Da ist wohl genug Vertrauen da, dass man sich bald wiedersieht. Doch hier sind wir ja quasi in fremdem Gebiet unterwegs. Und ihr Instinkt sagt ihnen natürlich, dass man unbedingt zusammenhalten muss.

Da Uwe nicht zurückzukommen scheint, laufe ich nun also doch mit Muck hinterher, um zu sehen, was da los ist. Wir landen vor einem Forstweg, der tief durchfurcht von schweren Reifen noch überall gefällte Baumstämme herumliegen hat. Der Weg selbst führt - von hier aus nicht einsehbar - links um die Ecke.
Da wollte Wilma also auf keinen Fall rein.
Lautstark begrüßt sie uns mit einem tiefen, wilden Wiehern. Es klingt ein bisschen wie: ‚Da seid ihr ja endlich. Warum kommt ihr jetzt erst??? Der Kerl wollte mit mir da alleine rein, das geht ja wohl gar nicht!"
Jetzt kommt auch Uwe zurück.
Ich muss ihn leider kritisieren: „Man lässt sein Pferd doch nicht einfach alleine stehen! Was da hätte passieren können!" „Wieso?", gibt er provokant zurück. „Sie wollte stehen bleiben und einfach nicht weiter. Also bitte. Dann kann sie das ja alleine machen."
Wir müssen über Wilma lachen. Jetzt, wo Muck da ist, ist wieder alles in Ordnung für Wilma. Sie hat sich aus ihrer Erstarrung gelöst und scheint nun bereit, mit uns zusammen weiter zu ziehen.
Also ja, es gibt einen Weg, so berichtet Uwe. Aber ob der auch hindurch und bis zu dem Wald führt? Wir beschließen, dass wir das jetzt einfach herausfinden wollen. Lieber im schattigen Wald herumsuchen, als gleich den sehr viel längeren, schattenlosen Schotterweg über Rhade zu nehmen!

Als Muck mit mir vorgeht, folgt auch Wilma ganz selbstverständlich, so als habe sie nie etwas anderes vorgehabt. Wir schlagen uns durch.

Hitzehölle: auf Schotterwegen durch die Maiswüste

Abkürzung durch eine Schonung - Uwe wird zu Hulk und
macht uns den Weg frei!

Wir folgen dem matschigen, durchfurchten Forstweg an einer mit Maschendrahtzaun eingezäunten Schonung entlang. Der Weg verengt sich immer mehr und wird schließlich zum schmalen Pfad, und nach einer Weile seh ich schon die Straße. Herrlich! Dort müssen wir hin! Nur noch über die rüber, und dann sind wir auch schon im Lamstedter Wald angekommen!

Doch dann stoppt uns eine querliegende Tanne. Sie ist nicht einmal sehr massiv, nur ein trockenes Stämmchen von vielleicht 15cm Durchmesser. Doch die Höhe - auf der sie ungefähr in Schulterhöhe quer liegt - ist absolut doof. In den abgebrochenen, sehr pieksigen, abstehenden Ästen könnte sich leicht ein Pferd verheddern oder verletzen. Also versuche ich sie wegzubiegen, dann - mit Muck am Zügel - mit einem Arm hochzustemmen. Beides schaffe ich nicht. Schlussendlich löst Uwe das Problem genau so, wie er das bei unserem ersten Wanderritt gelöst hat, als sich Annie einst mit dem Sattelknauf unter einem querliegenden Baumstamm festgehakt hatte: Er stemmt die blöde Tanne mit beiden Armen hoch, und ich kann unsere beiden Ladys darunter hindurchführen. Uwe ist unser persönlicher ‚Hulk' - tschaka!

Der Pfad führt uns direkt zur Straße. Keine böse Überraschung wartet in Form eines tiefen Grabens beispielsweise oder Ähnlichem. Wir können einfach hinüber und tauchen in den schattigen, großartigen Buchen-Mischwald hinein. Ein weicher Waldweg führt uns bergan. Endlich im Wald angekommen!
Nun heißt es, nur noch durch diesen Wald hindurch zu kommen, um von hinten an unsere Station heranzukommen. Es geht bergan, und wir merken beide, wie erschöpft wir sind.
Ein Lichtfleck mit Gras leuchtet auf dem Weg. Der perfekte Weg für eine Pause! Muck rupft jedoch nur lustlos, und Wilma leckt von der Erde, Muck schließlich auch. Hier gibt es Tonvorkommen, wie wir nicht zuletzt durch die Tonfabrik mitbekommen haben. Mit anderen Worten: der Boden ist mineralhaltig. Und Wilma findet

das sehr lecker.

Ich merke, ich brauche dringend eine Ruhepause, schwitze noch immer nonstop, habe das Gefühl, geradezu zu kochen. Auch Wilma schnauft deutlich. Uwe möchte aber gerade gern ein paar Fotos von einem riesigen, sonnenbeschienenen Spinnennetz mitten auf dem Weg machen, doch Wilma will nicht mitkommen. Jetzt hat sie wohl genug. Sie geht keinen einzigen Schritt mehr. Da lässt Uwe sie – wieder – einfach stehen. Und Wilma bleibt einfach da stehen, wo sie eben gerade ist.
Ein bemerkenswertes Pferd! Man sagt Tinkern ja eine gewisse Sturheit nach. Auf mich wirkt es eher so, als sorge sie einfach für sich selbst. Sie kann vielleicht eben auch nicht mehr, und möglicherweise muten wir ihr mehr zu, als wir wissen. Körperlich ist die Kleine ja gut bemuskelt und sollte kein Problem mit den Herausforderungen eines Wanderritts haben. Aber vielleicht ist es mental alles etwas zu viel für sie? Wilma ist außerdem so stark behaart, dass sie sicherlich noch ganz anders unter der Hitze leidet als meine Muck. Allein ihr Schweif ist etwa 4x so dick wie der von den meisten Warmblütern.

Schlussendlich setzen wir uns auf einen der Baumstümpfe und es gelingt, die Ladys daneben einzu parken. Sie begreifen, dass es jetzt erst einmal nicht mehr weiter geht, gehen in Ruhestellung und schlafen zügig im Stehen ein.
Im Grunde ist das Achtsamkeit für uns und unsere Pferde! Wir kochen langsam runter und werden miteinander ganz ruhig. Sehr meditativ!
Ich mache die Augen zu, meine Atmung wird langsamer, und die der Pferde auch. Selbst Wilma muss irgendwann nicht mehr so stark schnaufen. Uns allen tut die Ruhepause gut. Es ist eine neue und sehr schöne Erfahrung: als Viererherde, mitten im Wald zu sitzen und mal gar nichts zu tun!

Wilma will nicht mehr

Chillen im Lamstedter Wald - alle vier sind erledigt
von der Hitze!

Irgendwann müssen wir dann natürlich doch weiter.
Wilma kriegen wir jedoch kaum wach. Ihre Unterlippe
hängt entspannt herunter, und sie hat keine Lust, auf
unsere Weckversuche zu reagieren. Erst die Möhrchen-
und Apfelstücke vor ihrer Nase bringen langsam wieder
etwas Bewegung ins Pferd.

Ab jetzt: Nur noch Wald! Gott sei Dank!
Es geht bergauf über Sand- und frisch aufgeschüttete
Wege, die wohl zu sumpfig waren. Wunderschön … aber
immer bergan.
Der Wald ist wunderschön, dunkel – was wir gerade
jetzt sehr zu schätzen wissen – mit hohem Mischwald,
Moos und Gras auf den Wegen, auch immer wieder mit
tiefen Pfützen. Klar, wenn unter dem Waldboden eine
Tonschicht liegt, kommt das Wasser nicht nach unten
weg. Dieses Phänomen kenne ich auch bei uns aus der
Gegend. Wir laufen dem GPS-Pfeil auf dem Display des
Treckis hinterher – einen verkrauteten Wiesenweg
hinaus aus dem Wald, biegen auf einen gepflegten
Feldweg ein und – landen punktgenau auf dem
Waldweg, der uns von hinten an unserer Gaststation
heranführt. Herrlich!

Muck ist auf einmal ganz aufgeregt, so als spüre sie,
dass das Ziel erreicht ist. Vielleicht merkt sie das aber
auch dadurch, da ich es weiß und offenbar irgendwie
signalisiere. Jedenfalls zieht sie mich schon wieder in
einem Tempo voran, dass ich kaum hinterher komme.
Über ihr waches, positives Wesen freue ich mich jedoch
sehr!
Der Wanderritt scheint sehr gut für sie und ihre Seele
zu sein. Auch Muck und Wilma wachsen toll zusammen.
Muck ist wieder selbstbewusster geworden, wie ich
finde, hat sich immer wieder als Leitstute gezeigt.
Wilma wird kommunikativer, schließt sich Muck nun
besser an. Die beiden grasen jetzt, nachdem wir sie
entlassen haben, sogar schon Schnauze an Schnauze
auf ihrer Wiese. Es gibt keine angelegten Ohren und
kein Gezicke. Mit diesen beiden Ladys haben wir jetzt
wirklich ein Super-Team!

Muck will ankommen und
macht wieder
Nordic Walking mit mir!

Unser Übernachtungs-
plätzchen am Waldrand
des Lamstedter Waldes

Abends gibt
es einen
wunder-
schönen
Sonnen-
untergang

Wir beobachten sie eine Weile, trinken Bier und Malzbier, kommen runter. Dann muss natürlich noch das andere Auto geholt werden.

Beim Abstreifen der Hufschuhe hatte ich feststellen müssen, dass sich der am hinteren linken Huf verdreht hatte. So was Blödes. Offenbar ist die Idee mit der Creme zwar gut für ihre Haut, macht diese aber auch sehr flutschig. Morgen muss ich also noch einmal etwas verändern, damit nicht nur die Haut geschützt wird, sondern auch die Schuhe richtig an den Hufen bleiben.

Ich schlage spontan vor, dass wir doch in Lamstedt vielleicht einen Imbiss finden und etwas essen gehen könnten. Doch das verschlafene Örtchen hat leider nicht viel zu bieten. Dort hat nichts auf, was uns gefällt. Der einzige, offene Grill befindet sich in einem verlassenen Supermarkt-Gelände, was irgendwie seltsam ist. Es zieht uns so gar nicht dorthin. Wir wollen die Pferde aber auch nicht so lange alleine lassen, darum kommt ein regulärer Gasthofbesuch natürlich auch nicht infrage. Also fahren wir unverrichteter Dinge wieder zurück.

Der heutige Tag hat uns wirklich geschafft! Die Hitze, der lange Weg durch Maiswüsten, und dann am Ende noch bergauf ...
Niemand von uns beiden hat Lust zu kochen. So löffeln wir einfach aus Herings- und Thunfischdosen mit etwas Brot dazu, bis wir satt sind. Das ist auch lecker. Bei der Wärme vermissen wir auch nicht wirklich das warme Abendbrot.
Ein wundervoller Sonnenuntergang bescheint die vor uns liegende Kuhwiese und unsere Pferde darauf. Es ist wieder solch ein tolles Plätzchen zum Übernachten! So sitzen wir noch lange, bis uns ein Regen in unseren Wohnwagen treibt. Nachts wache ich davon auf, dass eine Eule laut und durchdringend ruft. Schon toll, so in der Natur und vor allem so nah an einem großen Wald zu sein!

Der siebte Tag

Dienstag 12.September 2024 - 13,9km

Lamstedt via Wingst

Verbotsschilder im Privatwald, Parkbank-Rast und: Ankunft am Tiny House

Nachts hatte es leichte, kurze Regenschauer gegeben. Doch der neblige Morgen – wie erhofft – bleibt leider aus. Stattdessen ist der Himmel schon morgens bezogen, schwülwarm und drückend.

Wir genießen den tollen Ausblick Richtung Wald, mit der Kuhweide davor. Es ist ein traumhaftes Plätzchen, an dem ich gerne noch ein paar Tage länger hätte bleiben können! Hier campieren, und dann Ausflüge in den Wald unternehmen ... Aber das wollen wir ja dann in dem fantastischen Wingst-Wald machen, den wir noch heute erreichen werden.

Als wir mit der Basis in der Wingst ankommen, lassen wir uns erst einmal zeigen, wo alles ist, denn unsere Gastgeberin wird bei unserer Ankunft nicht da sein. Uwes Gesicht wird lang. Ihm war nicht bewusst, dass wir zwei Wochen Urlaub in einem blauen Wohnwagen machen, der keinerlei Wasseranschluss, keine Küche oder Badezimmer hat. Es ist einfach ein romantisches Zimmer mitten in der Natur, mit einem Doppelbett, großem Fenster mit Blick auf die Pferdeweiden, einem Regal, Tischchen und zwei Stühlen – alles in hellem Weiß. Für Klo- und Kochgänge müssen wir bis zum Hof hinüberlaufen. Es ist also wie Camping.

Aufwachen mit Regen

Die Ladys machen sich mit der Leitkuh bekannt

Auf der Rückfahrt schlage ich vor, dass wir es uns mit unseren Sachen aus dem Wohnwagen etwas bequemer einrichten könnten. Wir haben ja Wasserkanister, Kaffeemaschine und sogar eine kleine Elektro-Kühltruhe bei uns. So können wir also morgens in aller Ruhe in unserem Häuschen frühstücken und jederzeit Hände waschen, sogar abspülen. Mit dem Kochen wird man dann noch sehen, ob wir das wirklich im Häuschen oder nicht doch lieber in der geräumigen Küche des Hofes machen wollen.

Unsere Gastgeberin ist ein ‚alter Hase', was Wanderreiten betrifft. Sie ist selbst Wanderreiterin, führt ihren Hof auch als Wanderreitstation und bietet Einsteller- und Kurplätze für Pferde an, die Probleme mit den Atemwegen haben. Dies betrifft eigentlich immer mehr Pferde. Und so ist die Nachfrage auch sehr groß, um Plätze bei ihr zu bekommen.
Ich staune wirklich: sie hat über 40 Pferde auf dem Hof, und versorgt alle selber! Die Stallhilfe ist leider aufgrund von Krankheit ausgefallen. So bleibt alles an ihr hängen, die nebenbei auch noch Alleinerziehende von drei Kindern ist. Hammer! Trotzdem ist sie sehr zugewandt und stets ansprechbar. Ich sehe sie auch in den folgenden Tagen viel bei ihren Hofarbeiten, das Handy im Anschlag, immer irgendwelche Sprachnachrichten aufsprechen oder Telefonate führen. Ist schon ein kleines Wunderwerk, so ein Handy! Ohne diese Möglichkeit könnte sie Büroarbeit und Hofarbeit wohl kaum so gut vereinen ...

Als wir nach Lamstedt zurückkehren, machen unsere Ladys gerade Bekanntschaft mit einer Horde Enten, die über die Weide ziehen. Dann rücken die Kühe näher. Muck ist interessiert, steht irgendwann Schnauze an Schnauze am Zaun mit einer neugierigen Kuh. Lustige Fotos entstehen! Wilma ist weniger interessiert und hält sich lieber im Hintergrund. Doch meine stets freundliche und neugierige Muck ist eigentlich immer interessiert an neuen Bekanntschaften. Manchmal macht mir das ein schlechtes Gewissen, weil ich glaube, sie wäre inmitten einer Herde sehr viel glücklicher und besser aufgehoben als in dieser 2er-Haltung, die wir ihr nur bieten können. Sie ist einfach ein sehr soziales Wesen. Bei Wilma hingegen habe ich den Eindruck, dass sie andere nicht so sehr braucht. Ein Pferd an ihrer Seite genügt vollkommen.

Wir legen nun erstmals die Vignetten an. Mit Bindfaden wird alles an die Trensen befestigt. So, nun kann uns die Behörde also jederzeit sofort identifizieren, falls wir straffällig werden!
Komisch ist das, aber in manchen Bundesländern tatsächlich sogar schon Pflicht. In diesem Falle jedoch verlangt es nur der Besitzer des Waldes, dem der Lamstedter ebenso, wie auch der Wingster Wald gehören. Angeblich mag er keine Reiter:innen und hat darum überall Reiten-Verboten-Schilder aufgestellt. Doch ab einer gewissen Größe muss man seinen Wald der Öffentlichkeit zugänglich machen, das ist glücklicherweise gesetzlich so geregelt. Also hat er eine andere Möglichkeit gefunden, das Reitervolk zu drangsalieren, und verlangt nun eine Gebühr und das Tragen dieser Vignetten, wenn man durch seinen Wald will. Wir hören im Laufe unseres Aufenthaltes in der Wingst noch sehr viel mehr abenteuerliche Geschichten über ihn. Aber davon später mehr.

Diesen Morgen creme ich Mucks Fesseln und Ballen nicht nur gut ein, sondern ziehe ihr auch noch ein paar Socken über die Füße. Die Hufschuhe kommen nun über die Socken und können nicht mehr wegflutschen.

Um 13.00 Uhr brechen wir auf.
Es ist tropisch und ich bin in Kürze schon wieder vollkommen durchgeschwitzt – nur vom Fertigmachen der Pferde! Umso mehr freue ich mich darüber, dass es erst einmal nur durch Wald gehen wird. Wir tauchen also in den tollen Lamstedter Wald ein und stehen dort plötzlich vor ... ,Reiten-verboten'-Schildern!

Die Pferde bekommen Vignetten an die Trense
und Muck muss Socken anziehen!

Aber das kann ja nicht gültig sein, denn diese Vignetten gelten auch für diesen Wald, wie ich weiß. Also ignorieren wir das Schild und führen unsere Pferde weiter. Und: Führen ist ja sowieso immer erlaubt, egal welche Schilder da aufgestellt werden.

Durch einen verstrauchten Querweg geht es auf einen breiten Sand-Highway, der quer durch den Wald verläuft. Leider sind hier auch wieder viele Steine. Wir befinden uns auf einem Geestrücken, und genau wie in der Lüneburger Heide arbeiten sich die Steine einfach durch den Sand hindurch nach oben.

Im erhöhten Nordic-Walking-Tempo gehts voran, denn Muck zieht und zieht! Sie ist toll: Sie ist lebendig, motiviert und liebt es ganz offensichtlich, unterwegs zu sein! Ja, eine neue Strecke! Muck ist voll dabei und läuft mit wachen Augen an meiner Seite. Eine neue Strecke, eine neue Landschaft!
Ich erlebe sie endlich wieder ganz als mein Pferd, welches sich mir anschließt, mutig an meiner Hand durch Dick und Dünn läuft und dabei eindeutig gut gelaunt ist. Es macht ihr Spaß. Wanderreiten ist was für meine Muck ... wenn nicht gerade kilometerlange Asphaltstraßen und Maiswüsten sie mürbemachen. Aber durch die Natur zu ziehen, Wiesen und Wälder erkunden, das findet sie einfach nur toll!
Wilma folgt zunächst, bleibt dann aber mitten im Wald stehen. Wilma hat mal wieder den Motor ausgemacht.

Sie hat keine Lust mehr. Da helfen keine guten Worte. Uwe steigt schließlich auf, und von oben geht es endlich weiter. Ein lustiges Pony, das irgendwie seine eigenen Regeln hat, nach denen es funktioniert.
Am Waldrand machen wir Pause. Ein saftiges Maisfeld lockt, aber eigentlich sollen die beiden nur auf der Böschung davor das Gras fressen. Muck stibitzt natürlich trotzdem vom Mais, und ich hoffe nur, dass so ein, zwei Maul voll hoffentlich nicht schaden werden. Denn meistens werden bei der Aufzucht des Mais viel zu viel Pestizide eingesetzt.

Im Nordic-Walking-Schritt durch den Lamstedter Wald

Dann ziehen wir weiter.
Die Feldlandschaft vor uns bietet nun keinerlei Schatten
mehr, und wir müssen an einem breiten Schotterweg
entlang durch Felder, Wiesen und ... Mais. Viel Mais. Die
Sonne brennt.

Uwe reitet, trabt jetzt sogar auch mal vor. In einigem
Abstand vor uns liegt ein kleines Wäldchen, durch das
wir hindurch wollen. Wilma mag aber ohne Muck nicht
allzu weit vorlaufen, also muss Uwe auf uns warten.
Bei dem Gehölz kann man den Verlauf des Weges nicht
genau erkennen, da eine Bodenwelle davor die Sicht
versperrt. Das findet Wilma offenbar spooky.
Muck und ich müssen nun vorgehen. Und Muck
entwickelt sich augenblicklich zur Leitstute!
Der Boden des Wäldchens ist aufgewühlt und
unwegsam. Hier wurde wohl erst kürzlich Holz
abgebaut. Die Ponys stiefeln nun über einen Holzsalat
aus Borken, Rinde und Ästen – beide sind nun voll
dabei und wach. Das ist Tinker-Style und macht den
Ladys ganz offensichtlich Spaß! Muck zieht mich durch
den anschließend verkrauteten Weg, der voller
Brennnesseln und Brombeersträucher ist.

Es ist sehr anstrengend, hier zu laufen. Aber dennoch
finde ich es auch toll, so unterwegs zu sein.
Dann endet der Wald, und wir biegen auf halbwegs
erträgliche Schotterwege ein, müssen über die
Bundesstraße wechseln und landen in einem grünen,
beschaulichen Landschaftsabschnitt mit kleinen
Asphaltstraßen und Feldwegen, sowie hohem
Buschbewuchs.

Wir kommen an eine Wegekreuzung und lassen die
Pferde grasen. Pferdepause. Aber Uwe und ich
bräuchten nun auch gern mal wieder eine
Menschenpause. Einfach irgendwo hinsetzen und mal
gar nix machen, das wäre schön! Doch hier ist leider
nichts zu sehen, wo man sich hinsetzen könnte.

Wilma macht den Motor aus

Von oben kann Uwe sie aber immer wieder in Gang bringen

Nach einigen Kilometern treffen wir auf den Feldweg, der direkt in das Urlaubsörtchen Wingst führen wird, und hier steht eine Bank. Menschenpause! Die Pferde verstehen mittlerweile schnell, und in Kürze chillt unsere ganze Viererherde. Schön ist das! Meine Füße tun mir weh, und nun kann ich die Beine auch mal ausstrecken und die Augen schließen. Dass ich nicht in meinem eigenen Tempo laufen kann, macht die Wanderung besonders anstrengend für mich. Könnte ich langsamer laufen, so wie es für mich passen würde, so wäre ich sicherlich auch nicht so überanstrengt.

Nachdem wir uns ein wenig erholt haben, geht es auch schon auf einem langen Weg hinein in den Ort, an Bauernhöfen entlang, durch eine Wohnsiedlung, und leider auch an einem Stück der viel befahrenen Bundesstraße entlang, die direkt vor dem Ort nicht einmal einen Fahrradweg zu bieten hat. Der Verkehr macht uns mürbe. Endlich, in der Mitte der Ortschaft beginnt dann aber doch ein Fahrradweg neben der Fahrbahn, und wir haben nun endlich etwas mehr Abstand zu den Autos. Das soll man offiziell - aus den beschriebenen Gründen - natürlich nicht. Die Rechtsprechung müsste diesbezüglich ganz dringend nachgearbeitet werden, denn so macht das keinen Sinn. Pferde sind keine Fahrzeuge. Sie gehören nicht auf die Straße. Sie und ihre Besitzer:innen zu schützen, sollte doch Priorität haben. Und wenn Radfahrer:innen dann mal abbremsen müssen, dann ist das eben so. Wir leben doch alle von der gegenseitigen Rücksichtnahme.

Mittlerweile führen wir beide und können endlich, endlich in den Wald eintauchen. Schatten! Der schattige Wald mit seinem breiten Sandweg sollten mich eigentlich freuen, doch meine Kräfte gehen zur Neige. Ich bin total erschöpft. An der nächsten Wegkreuzung im Wald, die auch unsere Abzweigung ist, machen wir noch einmal eine Graspause.

Chillpause -
zwischen den

Feldern und im
Wingster Wald

Uwe ist so lieb und nimmt mir Muck für die Pause ab, so dass ich mich für einen Moment nur um selbst kümmern kann: mich auf die Bank setzen, Wasser über den Kopf kippen, Beine ausstrecken ... und schöne Fotos von den dreien machen. Toll, wie wir zusammenwachsen! Wir sind eine klasse Viererherde geworden, so finde ich.

Mittlerweile tut mir alles weh – Füße, Hüfte, Rücken. Ich kann nicht mehr lange durchhalten, das merke ich. Aber es dauert zum Glück nun auch nicht mehr lange, bis wir da sind.

Vor uns liegt nun nur noch ein weicher Sandweg an einer Pferdekoppel entlang, an Gehöften vorbei und dann noch mal über die Bundesstraße quer rüber in die Straße, an der auch unsere Gaststation liegt. Wie schwer es ist, durch Sand zu laufen, wenn man eh schon gar nicht mehr richtig kann!

Endlich kommen wir an! Links vor dem Hof ist eine Leitplanke. An der binden wir die beiden an, nehmen ihnen alles ab und waschen sie, ehe wir sie auf ihre Weide entlassen. Endlich haben die beiden Feierabend, das finden die Ladys natürlich gut. Sie wälzen sich sogleich genüsslich und ausgiebig.

Heute sind wir erst um 17.30 Uhr angekommen. Das war eine lange Tour ...

Wir bauen unsere Campingsessel auf, gönnen uns einen Moment, um unsere Ankunft zu feiern, trinken Bier und Malzbier ... und sind einfach nur erledigt.

Natürlich könnten wir den Twingo auch erst morgen holen. Aber wir haben jetzt das Bedürfnis, hier richtig zu landen, und mit allem hier zu sein. Also müssen wir noch einmal los.

Aber erst füttern wir noch die beiden, und erst dann fahren wir zurück nach Lamstedt.

Natürlich wird es schon dunkel, als wir zurückkehren und mit der anstrengenden Packerei beginnen müssen.

Die letzten Meter
über Sandweg
sind
kräftezehrend

Endlich angekommen!

Uwe wird alles zu viel. Die Schlepperei fordert uns viel Durchhaltevermögen und ein letztes Mobilisieren unserer verbleibenden Kräfte ab.
Er kann sich den Urlaub hier noch nicht recht vorstellen, kriegt schlechte Laune. Was uns dann aber tatsächlich auch den Rest gibt, ist: Das Tiny House ist voll mit Mini-Fliegen und Mini-Mücken, den sogenannten Gnitzen! Das ist wirklich nervig.
Das Moskitonetz am Fenster ist kaputt, eine Ecke abgerissen. Trotzdem können wir es nicht einfach schließen, denn noch ist der Raum selbst die reinste Sauna. Schade. Ankommen sollte schöner sein!

Immerhin gelingt es uns, schon einmal alles fürs Frühstück reinzuholen. Mit unserem Campingtisch basteln wir uns eine kleine Küchenzeile mit Toaster, Wasserkocher und Kaffeemaschine darauf, und der Kühltruhe darunter. Ich freue mich über mein mitgebrachtes, kleines Insektenvernichter-Licht – denn es tut seine Arbeit!

Als Letztes raffe ich mich noch auf und laufe über den Hof zur Dusche. Wasser und frische Unterwäsche sind nach solchen Tagen eine wahre Wohltat. Ich fühle mich ein wenig wie in Ghana. Selbst im Dunkeln ist es noch ganz warm und mild draußen.
Bei laufendem Ventilator können wir auch irgendwann einschlafen.
Es hilft ja nix, zerstochen sind wir eh schon ...

Im Hintergrund das Tiny House -
unseren Ponys scheints hier zu gefallen!

In der Wingst

Wir waren also am Ziel, hatten es wirklich geschafft, und ich war die gesamte Strecke zu Fuß gelaufen! Wir waren zu recht stolz auf uns - und natürlich auf unsere Pferde.

Die Knochen schmerzen beim Aufwachen, und man mag sich kaum bewegen, aber: Wir erwachen in einem großen, breiten Bett, müssen uns nur auf die Seite rollen und sehen unsere beiden Ladys auf der Wiese, wie sie friedlich grasen. Das ist schön!

Bei unserem Cuxhaven-Urlaub – der Beginn unserer Wanderreittouren - hatten wir eine Ferienwohnung im Urlaubsort und waren damit völlig getrennt von unseren Pferden. Aber wenn man so eng zusammen von Ort zu Ort zieht, dann ist es anschließend sehr hart, derart getrennt zu werden. Das hier gefällt mir da viel besser. In Schlafsachen tapse ich zu ihnen auf die Wiese und gebe meiner Muck, so wie jeden Morgen, drei Allergietabletten in einem Stück Apfel. Heute sparen wir uns das Einsprühen gegen die Insekten. Es scheint auch so zu gehen.

In der Nacht hat es geregnet, und jetzt am Morgen ist unser Tiny House kühl und angenehm. Wir frühstücken ausgiebig und in aller Ruhe. Toll, einen so großen Raum ganz für sich zu haben!

Wir lieben es, in unserem kleinen, engen Wohnwagen unterwegs zu sein. Aber wir wissen es anschließend auch umso mehr zu schätzen, wenn dann wieder alles etwas großzügiger wird.

Der erste Tag ist immer ein Orga-Tag. Wir suchen im Internet nach der nächsten Apotheke und bestellen dort ein spezielles Pflegespray für Mucks wunden Popo. Da wir erst mittags loskommen, haben wir nun Zeit zu überbrücken, denn die Apotheke macht erst um 14.00 Uhr auf.

Also erst Einkaufen...
In Hemmoor finden wir einen großen Supermarkt, und nun kommen all die leckeren Sachen in den Einkaufskorb, auf die wir die Woche über verzichtet haben: frisches Gemüse, Obst, verschiedene Getränke, Joghurt und leckerer Mozzarella mit Tomaten und Basilikum. Das machen wir uns heute Abend!   Auch eine neue Thermoskanne muss her, weil die alte während der Fahrt kaputt gegangen war. Und wir nehmen auch noch Solarstecker für draußen mit, um etwas Licht vor unserem Tiny House zu haben. Anschließend setzen wir uns ins Café des Supermarktes. Das ist nicht sehr romantisch, aber lecker.
Erst gibt es Krustenbackschinken auf einem frischen Brötchen, dann Kaffee und Heidelbeerplunder. Wir lassen es also richtig krachen. Lecker! Danach geht es in die Apotheke. Mücken und einen mobilen ‚Erhitzer‘ - um die Symptome von Mückenstichen abzumildern - nehmen wir auch noch mit.

Über Google suchen wir dann später noch einmal nach einem Café und finden eines nahe der Oste-Schwebefähre. In einem alten, unbelebten Dorfkern, neben einer großer, historischer Kirche gibt es Kaffee und Joghurttorte. Dann sitzen wir noch eine ganze Weile an der Oste in der Sonne. Seltsam, so ein Tag ganz ohne Pferde!

Als es zu pustig wird und die Sonne verschwindet, beginnt Uwe zu frieren. Wir müssen zurück. Es sind die

Nachwehen vom gestrigen Tag. Diesen Tag Pause brauchen wir auch: Einfach mal nix tun, was mit Wandern, Reiten und mit Pferden zu tun hat.

Als wir zurückkehren, werden die Ladys versorgt, bekommen ihre Eimer und viele Streicheleinheiten. Beide fühlen sich sichtbar wohl hier und scheinen es auch gut zu finden, dass wir angekommen sind und nun vorerst nicht weiter voran müssen.

Das Maß mit der einen Woche in eine Richtung, dann Urlaub vor Ort mit lockeren Ausritten zu machen, und in einer Woche wieder zurück zu reiten – hat sich für uns bewährt. Klar, wenn es gut läuft, dann denkt man am Ende oft: „Wie, schon da? Ich würde gerne noch weiterziehen!"
Aber wenn es anstrengend ist, die Strecken einen mürbe machen, ein Pferd oder wir selbst beeinträchtigt sind, oder das Wetter gegen einen zu sein scheint – so wie bei unserem ersten Wander-Testritt nach Basdahl – dann ist eine Woche irgendwie auch ausreichend.
Gibt es das goldene Maß?
Keine Ahnung. Ich vermute, für alle liegt es woanders.
Wenn ich an mein erstes Pferd denke – ein Hannoveraner mit großen Schritten, der nichts lieber als zügiges Laufen liebte und nicht viel von Pausen hielt – so wären die Tagesetappen sicherlich länger ausgefallen. 20-30km am Tag würden wir mit ihm vermutlich mit links machen, und vielleicht sogar länger als nur eine Woche unterwegs sein. Aber das ist rein hypothetisch.
Uwe und ich, wir schauen uns auch immer mal wieder an und stellen fest, dass wir keine 20 mehr sind.
Jedenfalls spüre ich meine Knochen und vor allem die Gelenke doch sehr ...

Blick vom Bett aus dem Tiny House heraus - direkt auf die Pferde!

Tolle Lage inmitten der Weiden

Abends genießen wir unser erstes frisches Essen seit Beginn unserer Tour: Mozzarella mit Tomaten und Basilikum. Eins unserer Lieblingsessen! Ich schreibe anschließend noch den Bericht des Tages fertig, doch es fällt mir sehr schwer. Ich bin sooo müde! Wir rechnen zusammen, dass ich insgesamt 83km bis hierher gelaufen bin. Gar nicht so schlecht, wie ich finde - für eine, die sonst eigentlich so gar nicht mehr wandert, und die keinesfalls im Training ist.

Am nächsten Tag haben wir Lust, die Gegend ein wenig zu erkunden und vor allem natürlich, diese unseren Pferden zu zeigen. Also: ein lockerer, ungezwungener Spaziergang die kleine Landstraße entlang. Hier gibt es einen Kanal in unmittelbarer Nähe, mit einem Hinweisschild zum Balksee. Sehr schön, also haben wir schon ein nahes Ausflugsziel gefunden!

Muck interessiert sich allerdings viel mehr für die Artgenoss:innen, an denen wir vorbeikommen. Sie lässt sich länger nicht dazu bewegen, weiter zu gehen.

Ausflug an den Balksee

Wir wollen langsam wieder in Gang kommen.
Der ausgewiesene Balksee liegt 6,5km entfernt - ein
Klacks für uns, wo wir ja nun schon so viele Kilometer
gelaufen sind!
Der Tag beginnt angenehm kühl und dunstig, mit
bezogenem Himmel. Wir wollen mit einem kleinen
Spaziergang beginnen und den beiden die neue
Umgebung zeigen. Sie haben sich einen weiteren,
lockeren Tag verdient. Vor allem Wilma, die ja doch
öfters Unwillen darüber gezeigt hatte, dass es immer
weiter vorangeht, soll verstehen, dass wir angekommen
sind. Und dass wir vorerst in der Gegend bleiben.
Wir nehmen Insektenspray mit, glauben aber, dass es
nicht nötig sein wird. Beide dürfen mal ganz ‚ohne alles'
laufen, ohne Decke, ohne Sattel, nur am Halfter. Das
finden sie bestimmt auch mal ganz schön.

Wir laufen die kleine Landstraße entlang und finden
links von uns einen schönen Wiesenweg, der direkt
neben einer Pferdeweide hinein geht und - laut meiner
Karte - eine Abkürzung darstellen sollte. Also nehmen
wir den. Er wird jedoch immer strauchiger, wächst
immer mehr zu … und lässt uns schlussendlich vor
einem bestellten Feld enden. Also: alles wieder zurück.
Der Boden hat es in sich.
Irgendwer hat hier mal Bauschutt abgeladen. So
rutschen wir über große Steine und landen manchmal
sogar in Löchern zwischen den Steinen – alles nicht gut
zu sehen und einzuschätzen.
Wir sind heilfroh, als wir wieder zurück auf die Straße

finden. Also gut, dann den großen Bogen!

Ein Stück weiter führt eine schmale Straße direkt am Kanal entlang Richtung See. Auf der anderen Seite des Kanals des sogenannten Bülkan-Kanals treffen wir auf einen unerwartet schönen Feldweg.
Durch eine kleine Siedlung namens Seemoor geht es hindurch. Seemoor? Haben wir doch auch bei uns nahe Hambergen!
Ein schmaler, sehr schöner Fußpfad führt durch verwildertes Sumpfgebiet zum See, und wir landen vor einem Holzsteg mit kleinen Booten, und einem liebevoll gestalteten, hölzernen Aussichtsturm.

Hier dürfen die Pferde von dem Sumpfgras naschen. Mucki schmeckts. Das viele Wasser des Sees aber findet sie spooky. Sie hat es ja nicht so mit großen Wassermassen, wie ich von unseren Cuxhaven-Touren weiß.

Der Balksee liegt groß und still da. Überraschend sind die Spiegelungen des Himmels auf der Wasserfläche. Eigentlich müsste er also vielmehr Spiegelsee heißen. Ich könnte hier ewig sitzen und nur schauen, so schön sieht das aus! Aber die Ladys ziehen uns hin und her und kommen nicht recht zur Ruhe. Gleichzeitig ist der Platz hier etwas eng, wenn andere hindurch möchten. Es kommen auch schon weitere Spaziergänger.

So führen wir die beiden ein Stück zurück, binden sie vorn am Eingang zum Fußpfad an das Eisentor an, und machen es uns selber auf der Holzbank gemütlich, die in unmittelbarer Nähe steht. Das ist wirklich eine neue Qualität unserer Touren: die Menschenpause! In meinem Rucksack haben wir Kekse und etwas zu Trinken dabei. So können wir uns auch einen Snack gönnen, nachdem die beiden ihr Gras hatten.

Ausflug an den Balksee

Als wir von unserer Tour zurückkehren, sind wir beide total geschafft. Natürlich werden die Ladys noch eben versorgt, doch danach stürze ich richtig ab, trinke durstig, schicke ein paar Bilder auf die Reise, dann liegen wir beide auch schon auf dem Bett und schlafen auf der Stelle ein. Es ist erst Nachmittag.

Uwe steht irgendwann wieder auf, aber ich komme nicht mehr hoch und fühle mich wie ein gefällter Baum. Ist das ein Wetterumschwung oder noch immer die Nachwehen unserer großen Wandertour?
Wir sind zu schlapp für alles, auch zum Kochen. So gibt es alkoholfreies Weizen zusammen mit einer 5-Minuten-Terrine, und noch eine Tassensuppe hinterher. Dann falle ich auch schon wieder ins Bett. Uwe bleibt noch länger wach und macht Sudoku.

Erster Reitversuch im Wingster Wald

Auf diesen Tag hatte ich mich schon die ganze Zeit über gefreut!
Muck lief die ganze letzte Zeit gut, sie schien keinerlei Einschränkungen zu haben. Und so will ich unbedingt morgen einen ersten Reitversuch starten. Natürlich werden wir es sanft angehen und nicht gleich einen Riesenausritt machen.

Aber ich habe den Eindruck: Muck hat sich gesundgelaufen. Und vor uns liegen zwei wundervolle Wochen, in denen wir vom Rücken der Pferde aus den Wingster Wald erkunden werden. Denn deswegen sind wir ja auch hergekommen!

Erstmalig seit einer gefühlten Ewigkeit lege ich Muck wieder ihren Sattel auf.

Der Weg Richtung Wingster Wald ist nicht eben kurz, doch ich habe nicht vor, irgendetwas zu riskieren. Und so führe ich mein Pony bis dorthin eine halbe Stunde lang. Ich will sichergehen, dass Muck sich auch wirklich warmgelaufen hat, ehe ich aufsteige.

Endlich im Schatten der Bäume angekommen findet sich eine Bank, und ich steige möglichst Rückenschonend auf. Uwe bleibt hinter mir, beobachtet sehr genau, wie Muck läuft. Alles ist einwandfrei.
Ich sitze also tatsächlich auf meinem Pony und reite im Wingster Wald!

Ein breiter Reitweg mit festem Untergrund lädt zum Traben ein. Und nachdem wir eine Weile Schritt geritten waren, versuche ich es einfach. Ich muss wissen, ob meine Muck in Ordnung ist. Also los.
Ich ermuntere Muck zum Trab, sie lässt sich nicht lange bitten, und dann fliegen wir auch schon mit einer unglaublichen Leichtigkeit durch den Wald - die Bäume rauschen an uns vorbei - und ich kann mein Glück kaum fassen. Ich reite! Es geht!

Doch ich will es auch nicht gleich am ersten Tag ausreizen, und pariere sie deshalb schon bald wieder durch. Wir tauschen uns aus: alles sieht gut aus, bestätigt Uwe und freut sich sehr mit mir. Vor uns auf dem Weg tauchen nun grüne Absperrbänder auf, die quer über den Weg gespannt sind. Was ist das denn? Ich steige ab und schaue mir das Ganze näher an. Anscheinend soll hier ein Event stattfinden, bei dem die Leute mit ihren Hunden eine abgesperrte Strecke entlang durch den Wald müssen.
Kein Schild hat vorher darauf hingewiesen. Also darf man nun hier durch oder nicht? Ich schlage vor, dass wir hier zunächst eine Pause machen. Wir befinden uns eh an einer Wegekreuzung, und hier wächst allerbestes Waldgras.

Ich kann mein Glück kaum fassen - ich reite!

Die Ponys lassen es sich nicht zweimal sagen, dass sie grasen dürfen. Zwischendurch stupst Muck gegen das Band und will wissen, worum es sich da handelt.

Ich will es nicht gleich am ersten Tag übertreiben, und so drehen wir um. Vielleicht noch ein kurzes Stück reiten, ein kleiner Trab ... und dann wäre ich auch bereit, den Rest des Rückweges wieder zu laufen.

Ich steige also an einem Baumstumpf auf, und wir traben dieselbe Strecke zurück. Herrlich! Herrlich? Erst fühlt sich Mucks Trab etwas trapsig an - anders als vorhin - dann läuft sie deutlich unrund. Erschrocken pariere ich sie in den Schritt zurück und bespreche mich mit Uwe. „Schritt sollte aber gehen", meint er und versucht, mich zu beruhigen. „Vielleicht ist der Trab gleich am ersten Tag noch etwas zu viel für sie." Wir gelangen an den Waldrand ... und dann beginnt Muck eindeutig zu lahmen. Nun ist es offensichtlich: gar nichts ist gut. Ich kann auf keinen Fall reiten! Also steige ich wieder ab.

Ich bin untröstlich und tief enttäuscht. Wird es denn gar nicht gehen? Hatte ich umsonst gehofft, dass Muck sich durch unsere Tour bis hierher wieder mobilisiert und gesundgelaufen hat? Enttäuscht laufen wir zurück. Wie weiter? An ihren Beinen ist nichts zu sehen. So muss es sich wohl eher um die alte Verletzung handeln, und ich habe sie womöglich nun doch zu schnell belastet. Das hätte ich wirklich nicht gedacht, dass solch ein kleiner Reitversuch schon zu viel sein könnte!

Als wir zurückgekehrt sind und die Pferde entlassen haben, beraten wir uns. Wir müssen uns Hilfe holen, das ist ganz klar.
Unsere ungeübten Augen können nicht feststellen, woher die Lahmheit rührt. Es wäre also gut, wenn ein professioneller Blick die ganze Sache einmal in Augenschein nimmt. Natürlich könnte man jemanden vor Ort finden, doch mir erscheint es besser, wenn es jemand ist, die meine Muck und ihr vorheriges Problem bereits kennt.

Also schreibe ich unsere Osteopathin an, die tatsächlich zusagt, in den nächsten Tagen zu kommen und sich meine Muck anzuschauen. Ich bin sehr erleichtert. Aber meine Enttäuschung ist dennoch groß. Es wird vermutlich keinen Reiturlaub geben, so wie wir ihn uns gewünscht haben. Auch nicht für Uwe ...
Es tut mir auch für ihn leid, denn sein Pferd ist gesund, und er könnte mit Wilma so losreiten. Doch die ganze Zeit über, seit Wilma bei uns ist, haben wir nur daran gearbeitet, dass die beiden zusammenwachsen und sich als eingeschworenes Team begreifen. Jetzt und hier damit anzufangen, die beiden zu trennen, nur damit Uwe reiten kann? Das würde Muck als Zurückgelassene extrem stressen. Aber Uwe möchte das natürlich auch gar nicht.

Es geht uns beiden nicht gut. Im Grunde setzen wir nun alle Hoffnung auf den Besuch der Osteopathin und wünschen uns, dass sie uns irgendetwas sagen kann, was uns Mut machen kann. Andererseits ist es natürlich einfach so, wie es ist: Muck braucht anscheinend noch mehr Zeit, um wieder ganz gesund zu werden. Der Reitversuch war für sie offenbar zu früh. Und meine hauptsächliche Sorge ist nun, dass ich sie dadurch in ihrer Regeneration zurückgeworfen haben könnte. Doch ob das wirklich so ist, kann mir vermutlich niemand mit Sicherheit sagen ...

Und alles wieder anders ...

Endlich kommt unsere Osteopathin, und zeigt sich deutlich besorgt über Mucks Zustand. Ich beteuere immer wieder, dass Muck bis zuletzt gut lief und sich sogar während der Tour sichtbar verbessert hatte. Doch sie scheint zu finden, dass diese Tour keine gute Idee und bei Mucks Zustand einfach die falsche Entscheidung war.

Der jetzige Zustand ist jedenfalls überhaupt nicht gut.

Sie will sofort vieles geändert wissen. Muck brauche ab sofort eine Decke und Wärme auf dem Rücken, und zwar immer! Außerdem müsse sie sofort von der Weide, auf der sie gerade stehe, um nicht auch noch Rehe zu bekommen. Das Gras sei viel zu kurz abgefressen, das bedeute, dass es durchs weitere Abfressen gestresst sei und besonders viel Fruktose bilde - und das wiederum sei Gift für mein übergewichtiges Pony.

Wir sprechen mit der Inhaberin des Hofes, die uns netterweise sofort einen Paddock mit einer Heuraufe anbietet. Der Paddock ist schön, hat sogar Sträucher und Bäume, die Schatten spenden und sich für Wilma zum Schubbern eignen.
Nun habe ich ein deutlich ausgesprochenes Reitverbot. Aber ich wäre eh nicht aufgestiegen, ehe mein Pferd nicht wieder gut läuft. Die Osteopathin meint, wir sollten den Urlaub über ruhig hierbleiben und genießen. Sie könne sich Muck dann noch einmal richtig anschauen, wenn wir am Ende dieser Zeit wieder zurückkämen.
Während sie redet und versucht, uns den Ernst der Lage klarzumachen, kommen mir die Tränen. Habe ich denn alles falsch gemacht? War mein Gefühl so verkehrt, dass diese Tour eigentlich gut für meine Muck ist?

Ich misstraue mir nun selber und auch meinem Gefühl, frage mich, ob es einfach purer Egoismus ist, der mich diese Tour gegen alle Widerstände hat machen lassen. Sie dagegen versucht, mich zu trösten: „Sie ist ja nicht gestorben, es gibt keinen Grund, traurig zu sein."
Doch, gibt es schon. Denn ich wollte mit meinem Pony wieder die Welt erkunden und durch diesen großen Wald streifen. Wir hatten uns so auf schöne, lockere Tagesausritte gefreut!

Als unsere Osteopathin weg ist, ziehen unsere beiden Ponys also um. Ab sofort können wir sie nicht mehr aus dem Fenster des Tiny Houses sehen. Nun befinden sie

sich hinter einem Gebäude, abgeschnitten von uns, und alles fühlt sich nur noch komisch und verkehrt an.
Wir haben nun jeden Tag zusätzlich Heunetze zu stopfen und bekommen den Tipp, dass Brennnesseln gut sind für Pferde, die rehegefährdet sind.

Mir ist nur noch zum Heulen. Ich bin am Boden zerstört. Wie sollen wir denn jetzt hier Urlaub machen? Alles ist rund um unsere Ponys geplant. Aber ohne sie fühle ich mich ratlos und verloren.
Es ist wie ein Déjà-vu, so wie 2019, als wir mit Uwes erstem Pferd Annie in die Lüneburger Heide geritten sind und sie dann nicht mehr zurückkonnte (alles ausführlicher nachzulesen in meinem ersten Wandereit-Bericht Band I: „Frühstück mit Pferd").

Wir haben das Glück, dass die junge Frau mit der Reitschule, welche Pelle übernommen hat, uns den Rücktransport anbietet. Sie hat Pferdehänger und das passende Fahrzeug. Über dieses Angebot sind wir natürlich sehr froh.
Auch die Anteilnahme in unserer WhatsApp-Gruppe von all den Gastgeber:innen und Freund:innen ist natürlich auch groß. Doch trösten kann mich das alles nicht.
Immerhin, den Ladys geht es gut auf dem Paddock, sie wirken eigentlich ganz zufrieden.

Uwe und ich verbringen also den Rest der Urlaubszeit allein, und machen Ausflüge ohne die Pferde ...
Wir besuchen die umliegenden Ortschaften, ein Schloss, suchen die Überreste der naheliegenden Holzurburg und besuchen Museen.

Habe ich denn alles falsch eingeschätzt?
Habe ich es schlicht übers Knie gebrochen und Muck damit etwas angetan? Ich hadere mit mir selbst und kämpfe mit einem wirklich schlechten Gewissen. Und ich frage Uwe, ob Wanderreit-Touren vielleicht einfach nichts mehr für uns sind, angesichts der Strapazen, die wir da eingegangen sind - für Muck ebenso wie auch für uns beide. Und wenn man sich das fragt, dann hört man auf einmal auch nur noch Stimmen, die in dieselbe Richtung gehen, wie: ‚Ich wäre wohl nicht losgezogen

mit einem gehandicapten Pony', oder 'Wenn man etwas so Schönes so unbedingt will, dann wird man in seiner Einschätzung unrealistisch' und so weiter ...

Doch mein Mann ist einfach nur wunderbar. Er bestätigt mir, dass Muck im Laufe der Tour immer besser gelaufen ist, dass sie lebendig und deutlich begeistert dabei war, und dass auch er ebenso wie ich das Gefühl hat, dass diese Tour wirklich gut für sie war. Nach langer Krankheitsphase ist sie endlich wieder rausgekommen, hat viel erlebt und gesehen. Das hat Muck eindeutig gutgetan. „Gar nicht lange den Kopf hängen lassen und darüber nachdenken, was hätte anders laufen sollen", so rät er mir. „Einfach gleich den nächste Wanderritt planen". Das beruhigt mich.

So machen wir mit den beiden nur noch viele Spaziergänge an der Hand, hören allerlei wilde Geschichten über den Pferde-feindlichen Waldbesitzer des Wingster und Lamstedter Waldes, lernen einen einsamen Wanderreiter und sein weißes Quarterhorse kennen, der extra von der Küste aus hergeritten und viel einfacher unterwegs ist als wir: er übernachtet im Stall, hat nur einen Schlafsack dabei und bekommt bei unserer Gastgeberin die Mahlzeiten gestellt. Das ist schon ganz schön anders, als wir das machen ...

Dann ist es so weit: wir werden abgeholt. Wir werfen einfach nur noch all die Ausrüstung irgendwie in die Autos und in den Wohnwagen. Zu Hause kann man dann ja alles in Ruhe sortieren, durchwaschen und verstauen. Unsere Pferde lassen sich leicht verladen, so als wüssten sie, dass es nun nur noch nach Hause geht.

Ein komisches Gefühl ist das, hinter einem Pferdehänger hinterherzufahren und zu wissen: Nun ist es vorbei. In einer Stunde fahren wir heim und absolvieren mal eben die Strecke, die wir in einer ganzen Woche zu Fuß gelaufen sind ...

Abschließende Gedanken

Was gibt es noch zu berichten?
Unsere Dankeschön-Geschenke für die Gastgeber:innen
- die aus Pferdeschlüsselanhängern und
traditionellerweise einem Bild mit allen aufgelisteten
Stationen besteht - verschicke ich nun. Eigentlich
verteilen wir diese Dinge immer persönlich und auf
unserer Rücktour - doch die gibt es in diesem Jahr
nicht. Und alle Stationen noch mal extra abzufahren,
schaffe ich nicht, denn die Arbeit und ihre doppelte
Belastung hat mich schnell wieder in ihren Fängen.

Wir sollten stolz auf unsere Leistung sein, und sind es
natürlich auch. Aber es überwiegt das ‚Schade'-Gefühl,
und ich schiebe alles, was mit dieser Tour zu tun hat,
erst einmal weit von mir.
Erst jetzt, über ein Jahr später und nach einer weiteren,
diesmal erfolgreichen Wanderreittour schaffe ich es,
mich an das Aufschreiben zu machen ...

Wie es mit Muck weiterging?

Wir ließen sie natürlich osteopathisch behandeln,
bekamen wieder verschiedene Übungen als
Hausaufgabe, und ich trainiere viel mit ihr - in immer
nur kleinen, schonenden Einheiten. Ihr diffuses Problem
in Rücken und Hüfte verstärkte sich zusätzlich dadurch,
dass sie Muskeln abgebaut und Gewicht zugelegt hatte.
Dem entgegenzuwirken, ist schwierig bei einem Pferd,
welches sich nicht zu viel bewegen darf. So machten wir
auch hier weiterhin viele Spaziergänge, Gymnastik und
versuchen, das Futter weiter zu reduzieren.
Bei unserer Pferdehaltung ist das jedoch nicht so
einfach, die Ponys unterschiedlich zu behandeln, denn

sie laufen ja im Offenstallbereich frei herum und
können beide an die Futterquelle (Stroh und Heunetze).
Schließlich bekamen wir den Tipp von einem
Magnetspulenmann. Er könne die Selbstheilungskräfte
gerade bei diffusen Problemen in Gang setzen und habe
schon erstaunliche Erfolge gebracht.

Wir lassen ihn kommen ... und lernen einen total
netten, offenen Mann kennen, der selber lange
Turnierreiter war und sich gut mit Pferden auskennt.
Er kann Mucks problematischen Bereich im
Bewegungsapparat schnell lokalisieren, und setzt die
Spule an. Da, wo das Pferd stark zuckt - so erklärt er
uns - dort sitzt das Problem. Und wie die Muskeln von
Muck zucken! Anfangs findet sie den fremden Mann mit
seinen Spulen noch besorgniserregend, dann entspannt
sie sich sichtlich und steht schließlich völlig gelöst da.
Wir machen eine Nachbehandlung aus, doch er meint,
er habe nun bereits etwas in Gang gesetzt. Und wir
sollten weiterhin einfach nur locker mit ihr laufen, damit
sie in Schwung kommt.
Das machen wir. Und wir bemerken, dass bei Muck ein
Heilungsprozess einsetzt. Es geht langsam voran, aber
es geht - endlich - voran. Sie läuft allmählich deutlich
besser, bis ich irgendwann von der Osteopathin das ‚Go‘
bekomme, mich auch mal wieder auf sie drauf zu
setzen.

Ab sofort machen wir wieder unsere Dorfrunden, und
ich steige immer erst nach einer halben Stunde Führen
auf, reite meist nur kurz, wobei Uwe und ich sehr genau
auf ihren Bewegungsablauf achten, und steige auch
immer wieder für längere Phasen ab. Mittlerweile kann
ich schnell fühlen, wenn es anstrengend für Muck wird
und wenn sie ihre Tragkraft verliert.
Dadurch bin ich noch sensibler im Umgang mit ihr
geworden. Doch durch langsames Trainieren wird es -
auch immer wieder mit einigen Rückschritten - immer
besser.

Wir sehen aber auch viel Positives, wenn wir
zurückblicken: Meine Muck ist nach all dem
verwirrenden Partner:innenwechsel wieder lebendiger

und souveräner geworden und hat sich als die Leitstute gezeigt, die den Herausforderungen des Weges mutig begegnet, und der sich Wilma immer wieder gern anschließt. Die beiden sind durch diese Wandertour zu einem tollen Team zusammen gewachsen und haben miteinander zu einem harmonischeren Umgang gefunden. Sie sind zu einer Herde geworden.

Wir haben nun die besten Voraussetzungen, um im nächsten Jahr wieder loszuziehen - dann schon mit zwei richtigen Profidamen, für die eine solch umfangreiche Wander-Reit-Tour dann bereits eine Wiederholung wird.

Und so mache ich mich also daran, unsere nächste Tour für das Jahr 2024 zu planen. Und ich kann schon jetzt verraten, ich habe etwas ganz Besonderes vor ...

Dankeschön!

Ein dickes Dankeschön gilt natürlich
unserer Osteopathin Annette,
die sogar den weiten Weg bis in die Wingst gefahren ist,
um meiner Muck zu helfen

Ein riesiger Dank geht an Janine & Toby,
die unsere Ladys zurück nach Hause gebracht haben

Und last but not least möchten wir uns natürlich
auch in diesem Jahr sehr herzlich bei all unseren
Gastgeber:innen bedanken, die uns so tolle
Übernachtungsplätze zur Verfügung gestellt haben!

Und

Vielen Dank auch an Albert M., dass wir
das Foto mit ihm darauf verwenden durften.
Das war mal eine nette Begegnung
trotz Auto-Demolierung!

Vielen Dank!

Weitere Bücher aus dieser Reihe:

Wanderreiten für Beginner Band I.:

Frühstück mit Pferd

Unser erster Wanderritt: Von Worpswede nach Cuxhaven

Zum ersten Mal lassen wir uns auf das Abenteuer Wanderreiten ein! Alles ist neu, geschieht zum ersten Mal und ist natürlich mit Zweifeln behaftet: Muten wir uns und unseren Ponys nicht zu viel zu? Mit zwei Autos und einem Wohnwagen bleiben wir als Selbstversorger:innen flexibel und haben alles dabei, was wir brauchen. Doch trotz aller Vorkehrungen gestaltet sich unsere Unternehmung zu einem großen Abenteuer!

Taschenbuch, 224 Seiten, 1. Edition (28. Oktober 2020)
Herausgegeben von: BoD – Books on Demand;
ISBN-10: 3752643846
ISBN-13: 978-3752643848

Wanderreiten für Beginner Band II.:

Pferd-to-go

Unser zweiter Wanderritt:
1,5 Mal von Worpswede aus in die Lüneburger Heide.
Wanderreiten ist eine Leidenschaft, und der haben wir uns als Paar ganz und gar verschrieben! Band 2 berichtet von den Erlebnissen, Abenteuern und Unwegsamkeiten, die wir auf unserem Weg in die Lüneburger Heide bewältigt haben. Nicht zuletzt fand ein unfreiwilliger Pferdewechsel statt, denn allzu leicht kann aus einem 'Pferd-to-go' ein 'Pferd-to stay' werden ... Außerdem lassen wir die interessierten Leser:innen gern wissen, was es an Organisation und Ausrüstung braucht, um sich mit Pferden auf den Weg zu machen!

Herausgegeben von: BoD – Books on Demand;
Taschenbuch 336 Seiten, 1. Edition (5. September 2023)
ISBN-10: 375681288X
ISBN-13: 978-3756812882